CLAUDIANE AQUINO ROES

DESMISTIFICANDO A HOLDING FAMILIAR

Claudiane Aquino Roesel

DESMISTIFICANDO A HOLDING FAMILIAR

Del Rey editora

Belo Horizonte
2019

EDITORA DEL REY LTDA
www.editoradelrey.com.br

Editor: Arnaldo Oliveira

Editor Adjunto: Ricardo A. Malheiros Fiuza

Diagramação: Alfstudio

Revisão: Sirlene Santos Simões

Capa: Renato Serra

EDITORA
Rua dos Goitacazes, 71 – Loja 24A – Centro
Belo Horizonte-MG – CEP 30190-909
Comercial:
Tel.: (31) 3293 8233
vendas@editoradelrey.com.br
Editorial:
editorial@editoradelrey.com.br

Dados Internacionais de Catalogação na Publicação (CIP)

Roesel, Claudiane Aquino
R718d Desmistificando a holding familiar / Claudiane Aquino Roesel. – Belo Horizonte: Del Rey, 2019.
100 p. – Inclui bibliografia.

ISBN: 978-85-384-0534-4

1. Direito empresarial 2. Empresas familiares - Sucessão
3. Sociedades comerciais I. Título

CDU 347.7:658.11

Ficha catalográfica elaborada pela bibliotecária Meire Luciane Lorena Queiroz CRB 6/2233.

Para meu coração, Carlos Roesel,
e minha filha, Annelise Roesel.

SUMÁRIO

INTRODUÇÃO

Para a pesquisa sobre a sucessão na empresa, função social e a efetivação da justiça social, é indispensável o exame da forma de sucessão da empresa e dos princípios constitucionais que regem a ordem econômica. Tais princípios apresentam alguns dos fundamentos mais relevantes da Ordem Econômica e estabelecem os objetivos a serem obtidos pelo mesmo. Nesse raciocínio, deverão ser ressaltadas as repercussões sociais da empresa sem pretender reduzí-la a uma mera função social, já que a função social não tem a finalidade de retirar as liberdades e os direitos dos empresários, nem de tornar a empresa um simples meio para os fins da sociedade.

Ainda, a análise passa pelo estudo do papel do Estado brasileiro no crescimento econômico, o abuso de poder econômico no Estado Democrático de Direito, assim como seus métodos de intervenção em determinadas condutas e/ou atividades privadas. Com os impactos sociais causados, demonstra-se a necessidade de intervenções adequadas para um bom desenvolvimento econômico e social do país, já que a atividade empresarial não pode prejudicar consumidores e cidadãos.

Dessa forma, entende-se que não basta a empresa não trazer prejuízos à sociedade, mas para atingir a finalidade da função social ela deve agregar, ou seja, devem existir benefícios sociais que busquem atingir o objetivo de ser uma empresa socialmente responsável, resgatando seu papel institucional diante dos compromissos que lhe atribui a ordem constitucional econômica (VAZ, 1993, p. 481-482, *apud* FRAZO, p. 967).

Assim, o presente trabalho busca demonstrar as inúmeras dificuldades vivenciadas quando ocorre a morte do sócio fundador e se estabelece o processo sucessório. Conectada com as questões emocionais que surgem neste momento, a família pode, inconscientemente, prejudicar o bom andamento da empresa. Disputas de poder e herança, conflitos pessoais e, muitas vezes, interesses egoístas são extremamente prejudiciais à administração, atrasando ainda mais o processo sucessório e a definição da nova administração. Isso, nos dias atuais de um mercado cada vez mais competitivo, pode ser um passo irreversível para o processo de decadência do empreendimento, chegando ao ponto mais crucial de qualquer sociedade, que é a falência.

O grande número de empresas familiares existentes no país, das menores (microempresas) aos grandes grupos econômicos, deixam claros os riscos para as organizações produtivas de processos não planejados de sucessão no comando da empresa. Infelizmente, nao são raros os casos nos quais o resultado de uma sucessão não planejada foi uma crise empresarial que, por vezes, conduz à falência ou, no mímino, à alienação da empresa para terceiros. Perdese, assim, todo o trabalho de uma vida, quando não o trabalho de algumas gerações.

Os conflitos da empresa familiar podem prejudicar o seu desenvolvimento e a melhoria desse quadro conflituoso é importante para a economia do país, na medida em que existe grande participação das empresas familiares em relação às organizações nacionais e essas têm como característica a presença de conflitos (LOURENZO, 1999).

Para tanto, o presente trabalho terá como objetivo o estudo teórico e doutrinário acerca do Planejamento Sucessório, sua importância, identificação do momento ideal, suas finalidades e etapas até, por fim, chegarmos a quatro formas de ferramentas aplicáveis à sucessão, quais sejam: a constituição das sociedades holding e análise jurisprudencial, a administradora de bens imóveis e próprios, o acordo de quotistas, além de elucidar o Protocolo de Família, instrumento já adotado na Espanha.

A opção pela implantação de um Planejamento Sucessório é uma estratégia que pretende demonstrar ser não apenas para conter o patrimônio familiar, conservando-o, mas também é importante para a condução otimizada dos negócios constituindo-se num valioso instrumento.

Deve ser encarado como um instrumento jurídico que serve como uma estratégia empresarial, e a partir dessa definição sua execução levará à escolha e utilização de mecanismos e institutos jurídicos, sempre no esforço de alcançar vantagens duradouras e seguras para os empreendimentos e investimentos, mantendo sua coerência própria, em busca de vantagens econômicas em âmbitos diversos, conforme se apresentarem as oportunidades, necessidades e conforme for o perfil da empresa e sua constituição, mantendo a condição primordial de que a empresa com sua função social perdure de gerações a gerações.

Apesar de tudo isso, é sabido que trabalhar com a ideia da própria morte não é agradável, mas a certeza de um limite para seus dias oferece uma medida e assim faz aparecer a necessidade de estruturar planos e concretizá-los, incluindo a possibilidade de seus herdeiros terem garantida a continuidade do que foi construído, de seu patrimônio e da preservação do seu trabalho.

Já que a morte é incontestável e é colocada a todos, com o falecimento os bens são transferidos aos herdeiros, porém essa transferência não deveria ser feita sem planejamento, pois resultaria em uma desordem; mas, deve-se ficar atento a isto para que a sucessão se dê de forma pacífica e se faça uma distribuição de forma mais refinada, compreendendo as necessidades e as potencialidades de cada herdeiro, bem como da própria empresa, cuja existência e atuação repercutem em trabalhadores, fornecedores, consumidores, na comunidade em geral e na família.

Assim, como o evento morte por si só já oferece incontáveis desafios que não podem ser evitados, esses se simplificam quando a família recorre a um Planejamento Prévio. Isso permite que uma nova administração empresarial seja ensaiada e implementada e que a engenharia seja proposta para a estrutura societária.

1

A FUNÇÃO SOCIAL DA EMPRESA E O ABUSO DE PODER ECONÔMICO NO ESTADO DEMOCRÁTICO DE DIREITO

A empresa é uma manifestação da autonomia, protegida e orientada pela constituição e como bem sintetiza Manoel Afonso Vaz (1998, p. 165), ela é a "liberdade de investimento, a liberdade de organização e a liberdade de contratação", desde que para ser considerada legítima tenha um projeto compatível com os direitos da sociedade, não visando somente o lucro e a realização individual do empresário, mas sim a função social que sua existência pode gerar. Direitos esses resguardados pela Constituição no que tange a assegurar certo nível de competitividade que possibilite a livre concorrência, mas que ao mesmo tempo proteja os consumidores do abuso, sempre em busca do equilíbrio e propiciando a justiça social.

Segundo Moncada (2000, p. 371), uma das principais finalidades da livre concorrência é a de assegurar a presença de um número elevado de alternativas viáveis que garantam a liberdade de escolha. A livre concorrência também é uma forma de viabilizar a difusão do conhecimento econômico (SALOMÃO FILHO, 2002, p. 17-23).

Dessa forma, a empresa pode ser considerada como o meio mais eficaz para a consecução das finalidades da atuação econômica, funcionando sobre a garantia do sistema jurídico. Mais do que simplesmente empreender, a empresa permite estabelecer melhores condições para o sucesso da atividade, nesse sentido é possível afirmar que a empresa é uma organização de iniciativas, de procedimentos, de fórmulas que são dispostas de modo a permitir a realização de metas econômicas com maior eficácia (FRAZÃO, p. 10), sem ferir direitos da sociedade resguardados pelos princípios adotados pela Constituição que orientam a atividade econômica em geral.

O objetivo da função social é demonstrar a aplicabilidade da "solidariedade social" (FRAZÃO, p. 281) pela empresa de forma consciente, sem ter como finalidade acabar com a liberdade, com os direitos e dignidade dos empresários, mas ao contrário, deve demonstrar o compromisso e a responsabilidade social da empresa. O seu propósito é o de propiciar uma empresa socialmente responsável, resgatando seu papel institucional diante dos compromissos que lhe atribui a ordem constitucional econômica (VAZ, 1993, p. 481-482, *apud* FRAZÃO, p. 281).

Para que a função social se concretize, a empresa passa por condicionantes impostas pelo Estado fixadas nas diretrizes que direcionam a atividade econômica trazida pela Constituição Federal, em que tutela o direito da propriedade, proclama como valores fundamentais a serem respeitados a supremacia do interesse público, os ditames da justiça social e a redução das desigualdades regionais, dando especial ênfase, dentro dessa perspectiva, ao princípio da solidariedade (voto do Ministro Celso de Mello ao julgar ADI 1.003-4/DF).

Dessa forma, atingir o objetivo da função social, não se limita a não trazer prejuízos aos consumidores e a responsabilidade frente aos concorrentes, mas vai muito mais além como, por exemplo, distribuir a riqueza e os benefícios da atividade econômica, vista aqui igualmente no seu aspecto distributivo, a fim de propiciar a todos uma existência digna em conformidade com os ditames da justiça social, observando-se os princípios enumerados na Constituição Federal.

A respeitável jurista Nancy Andrighi, com a autoridade insuspeita de uma das grandes julgadoras, coaduna com esse entendimento no julgado REsp: 1303284 PR 2012/0006691-5 em que aduz:

> A dissolução parcial deve prevalecer, sempre que possível, frente à pretensão de dissolução total, em homenagem à adoção do princípio da preservação da empresa, corolário do postulado de sua função social. Segundo a r. Ministra, Conquanto não haja previsão legal para dissolução parcial de sociedade anônima na legislação de regência, a existência de empresas organizadas sob essa forma societária porém com notória preponderância do intuito personae, exige do julgador a interpretação integrativa a fim de possibilitar a realização do princípio da preservação

> da empresa. Isso porque, no Brasil, a adoção desse tipo societário por pequenas e médias empresas familiares encontra-se relacionada unicamente a sua estrutura mais moderna e dinâmica, sem prejuízo do vínculo pessoal entre os sócios. (BRASIL, SUPERIOR TRIBUNAL DE JUSTIÇA, 2013, s. p.)

Tendo em vista que essa distribuição não se dá por benefícios produzidos pelo Estado, mas por particulares, se torna complexo, mas isso não é razão para negligenciá-los. O controle pelo Estado deve se dirigir aos resultados efetivos da atividade econômica diante da realização de uma sociedade composta de membros livres e iguais, propósito para o qual a erradicação da pobreza deve ser prioridade absoluta. (FRAZÃO, 2006.p. 283).

2
EMPRESAS FAMILIARES

As empresas familiares são aquelas em que a diretoria da sociedade está ligada ao fator hereditário e os valores identificam-se com um sobrenome da família ou com a figura de seu fundador (Lodi, 1998- João Bosco Lodi, A empresa familiar, 5. Ed. São Paulo: Atlas, P-25-38).

Para Bernhoeft (1989, p. 35): "[...] uma empresa familiar é aquela que tem a sua origem e sua história vinculadas a uma família; ou ainda que mantenha membros da família na administração do negócio", do contrário:

> Forte valorização da confiança mútua, independente de vínculos familiares (exemplos são os 'velhos da casa' ou ainda os que começaram com o 'velho'); laços afetivos extremamente fortes influenciando os componentes, relacionamentos e decisões da organização; valorização da antiguidade como um atributo que supera a exigência de eficácia ou competência; exigência de dedicação ('vestir a camisa'), caracterizada por atitudes tais como não ter horário para sair, levar trabalho para a casa e dispor dos fins de semana para a convivência com pessoas do trabalho; postura de autoridade seja na forma de vestir, seja na administração de gastos; expectativa de alta fidelidade, manifestada através de comportamentos como não ter outras atividades profissionais não relacionadas com a vida da empresa; dificuldades na separação entre o que é emocional e racional, tendendo mais para o emocional; jogos de poder, onde muitas vezes mais vale a habilidade política do que a capacidade administrativa. (Ibid., p. 35).

A cada 100 (cem) empresas familiares 30 % (trinta por cento) chegam à segunda geração, 15 % (quinze por cento) chegam à terceira geração e apenas 4%

(quatro por cento) chegam à quarta geração (FOLHA DE LONDRINA, *apud* SEBRAE, 2005).

As sociedades familiares são as mais antigas formas de se organizar uma sociedade, seja pela afetividade, consanguineidade, proximidade ou comunhão de objetivos, sendo na maioria das vezes as próprias famílias as geradoras de empreendimentos mercantis.

As empresas familiares constituem os alicerces das economias em nível mundial, pela sua contribuição para o PIB que varia entre 45% e 70%, conforme o país, e pela geração e sustentabilidade de emprego que proporcionam. Entretanto, apesar dessas empresas serem a base do desenvolvimento das economias, constata-se que um número muito importante de empresas familiares desaparece todos os anos por não terem conseguido vencer dificuldades relacionadas com a sua gestão e com a preparação da sucessão para as gerações seguintes, pois a sucessão representa um dos maiores desafios enfrentados pelos empresários, e por isso um dos temas mais abordados nos livros sobre empresas familiares, pois tem relação direta com sua sobrevivência e expansão (MIGUEL SILVA, 2006, s. p.).

Segundo Bernhoeft, as empresas familiares estão sendo cada vez mais estudadas pelos pesquisadores. No Brasil, esses trabalhos estão concentrados no relato de fatos da realidade das organizações ou nos aspectos da troca de comando (BERNHOEFT; GALLO, 2003).

As empresas familiares estão presentes no mundo todo e, normalmente, são identificadas apenas como pequenas empresas; no entanto, elas podem se desenvolver e se tornar organizações de grande porte. Em nível mundial, existem vários exemplos: Wal-Mart (família Walton), Ford (família Ford), Grupo Sansung (família Lee), Grupo LG (família Koo), Carrefour (família Defforey), Fiat (família Agnelli), Cargill (famílias Cargill/MacMillan), Peugeot e Citroën (família Peugeot), BMW (família Quandt), Banco Santander (família Botín), Bosh (família Bosh), Motorola (família Galvin), Novartis (família Landolt), Bouygues (família Bouygues), Hyundai (família Chung) entre outras (HSM MANAGEMENT, 2003).

De acordo com o Instituto de Desenvolvimento Administrativo – IMD –, de Lausane, na Suíça, apresenta-se a participação das empresas familiares no total das organizações dos seguintes países: Portugal 70%; Inglaterra 75%; Espanha 80%; Suíça 85-90%; Itália 99% e Suécia 90% (GAZETA MERCANTIL, 1994). Esses dados foram confirmados posteriormente por Neubauer e Lank (1999).

Outro dado importante, indicado pela Revista Business Week (2003, p. 100), revelou que 177 das 500 maiores companhias norte-americanas são familiares, muitas delas tendo seus membros envolvidos na gestão como diretores.

Porém, percebeu-se que a grande maioria das empresas familiares tende a encerrar suas atividades na geração seguinte daquela do seu sócio fundador e, somente em raríssimas exceções, tem o êxito de alcançar a terceira geração da família. Assim, muito se debate acerca da sua eficiência administrativa e gerencial, seus modelos societários, suas aplicações sociais e sua manutenção por diversas gerações (OLIVEIRA, 2016, s. p.).

Isso se dá pela problemática que envolve a empresa familiar, pois é inegável que os problemas entre os familiares afetam as empresas e exigem mecanismos ou formas em que podemos apoiar para fornecer o tratamento adequado. As várias situações descritas, com suas causas, merecem todo o esforço que puder ser empenhado para reduzir ou banir sua presença no contexto dos negócios em família. Nesse contexto é que serão expostas algumas "ferramentas" mais utilizadas para abordar essas questões atualmente.

O problema do negócio da família, como pode ser inferida a partir do exposto, é bastante complexo; no entanto, pesquisadores e estudiosos identificaram ferramentas de alto valor no tratamento de situações de conflito, o que deve ser apreciado com muita cautela para não incorrer em risco e comprometer a empresa.

2.1 Empresas Familiares e Sucessão

Em função da previsão anotada no artigo 1784 do Código Civil - CC/2002, bem como do art 5º, XXX, da Constituição Federal, segundo o qual "é garantido o direito de herança", afirma-se a sucessão hereditária como um parâmetro inerente ao Direito Brasileiro: com o falecimento de uma pessoa, outras pessoas (seus herdeiros, legítimos ou testamentários) irão suceder o morto na titularidade dos bens.

Destarte, Maria Helena Diniz elucida ainda mais o tema e define:

> A morte gera automaticamente a abertura da sucessão, transmitindo aos herdeiros os bens de direito da herança. Aberta esta, no prazo de 30 dias deverá ser instaurado o inventário do patrimônio hereditário para fins de liquidação e possível partilha de herança. (DINIZ, 2007, v. 6, p. 32).

A sucessão pode ser considerada como legítima, quando os herdeiros têm bases nos laços sanguíneos e familiares com o de cujus, ou ainda pode ser constituída pela vontade do falecido, que dispõe acerca do destino da herança ainda em vida, por meio de testamento ou qualquer outro instrumento de expressão da vontade aceito pelo direito brasileiro. Ao se tratar da sucessão de sociedades, principalmente a familiar, deve-se lembrar de que todos os sócios, quando da morte do administrador, são herdeiros.

Esses, por sua vez, não podem ser discriminados em relação aos demais, pois mesmo não estando preparados para assumir a gestão e administração, o que de fato ocorre muitas vezes, devido a falta de planejamento, são os herdeiros.

Acontece que, por medo ou egoísmo, muitos não se interessam pela sua sucessão, pensando que esse problema será de quem continuar a viver mesmo após sua morte, isto devido ao tabu que ronda o tema morte, mesmo sendo certo que todos morrerão.

Não existe, em grande maioria, esforços para constituir uma estruturação técnica e prévia da sucessão causa mortis, o que deveria ser repensado, pois deveria haver a preocupação compreensível das famílias pela perpetuação de suas riquezas e a continuidade de suas empresas para que as próximas gerações estejam amparadas. Ainda mais levando em consideração que o processo de constituição, desenvolvimento, aprimoramento e manutenção de uma empresa familiar é árduo e complexo, e que depende de inúmeros fatores que tiveram origem no desejo e dedicação do sócio fundador, que muitas vezes dedicou a integralidade de sua vida fazendo com que aquela empresa prosperasse.

Mesmo existindo vários mecanismos que tornem a transmissão de bens calma, segura e econômica, propiciando um bom Planejamento Sucessório que proteja o legado dos sucessores e evite conflitos entre os familiares, a utilização desses mecanismos jurídicos é exclusiva de poucos.

Para tanto, é preciso estar atento para o papel auxiliar desempenhado pelo direito na definição de estratégias mercadológicas e nas proposições da administração corporativa, ou seja, no estabelecimento do *benchmarking*, termo reiterado pelo mercado.

Ressalta-se ainda que, conforme assinala Vidigal (1999, p. 27), a empresa familiar no Brasil sempre foi "[...] considerada uma instituição falida. Uma coisa anacrônica, tendendo a desaparecer. Nos Estados Unidos e na Europa esse pensamento foi abandonado desde a década de 1980. A comunidade empresarial, e mesmo a acadêmica, perceberam a importância e a vitalidade da empresa familiar." O autor constata que tanto na Europa quanto nos Estados Unidos, as principais faculdades de negócios criaram institutos de apoio à empresa familiar ou mesmo disciplinas voltadas para esse tema.

Como formas de conferir maiores chances de sobrevivência para a empresa familiar, Vidigal (1996, p. 48) aponta sete recomendações em termos de gestão para essas organizações:

> [...] ter diálogo e comunicação aberta e franca entre todos acionistas, ter um acordo de família, o sucessor deve ter real vocação para trabalhar na empresa, ter regras para a sucessão, evitar o cabide de emprego, ter um conselho de administração atuante e ter no conselho de administração membros independentes, não da família.

Vários são os problemas característicos das empresas familiares, e Posso (2004) aponta os seguintes:

> [...] conflitos entre pais e filhos, brigas entre irmãos, sucessão inadequadas ou inexistentes, estados críticos de liquidez econômica, desmotivação dos membros familiares ou empregados não-familiares, tensões entre membros da família, a empresa não cresce, pouco compromisso dos membros ativos da empresa, conflitos com sócios não familiares e comunicação inadequada.

A partir do trecho mencionado, pode-se perceber que as dificuldades da empresa familiar são complexas, assim, Posso (2004) aponta sete ferramentas para atenuar ou reduzir os problemas característicos:

> [...] protocolo familiar, planejamento estratégico, planejamento da sucessão, tratamento da relação intrafamiliar, implantação de assembleia familiar e conselho de família, estudo das transições no interior do sistema família-empresa e conhecimento das tendências da empresa familiar no mercado.

Quando se fala em sucessão empresarial, as duas palavras chaves que mais devem ser levadas em conta são segurança e futuro. Essas palavras, nesse contexto, carregam objetivos, tais como: tranquilidade, clareza de atitudes, decisões empresariais amplas e participativas, transmissão do patrimônio familiar sem traumas e desenvolvimento daqueles que irão administrar o patrimônio. E para alcançar tal fim, somente mediante a implantação de um Planejamento Sucessório adequado.

Esse Planejamento é vital, pois, inicialmente entre os sócios, a relação se dá pacificamente, mas, com o tempo, pode se tornar desgastada e para evitar qualquer inconveniente deve estar tudo bem traçado e planejado, pois é evidente o fato de que os vínculos de afeto e confiança que fundam esse tipo societário são um atrativo para investidores, que veem aqui uma janela para algo bem estruturado e próspero.

3

O PLANEJAMENTO SUCESSÓRIO NAS EMPRESAS FAMILIARES E A *AFFECTIO SOCIETATIS*

O Planejamento Sucessório consiste em os fundadores da empresa planejarem o futuro dos negócios, descrevendo quais os critérios que deverão ser utilizados na escolha de seu sucessor, bem como as regras que devem ser respeitadas para que os herdeiros possam ingressar na empresa.

De acordo com os critérios definidos, pode ocorrer que se identifique que o sucessor na gestão dos negócios não seja um membro da família e que um terceiro possua as qualificações necessárias, caso o membro da família não tenha. Por isso da importância do Planejamento Sucessório, que pode se dar através dos instrumentos de Protocolos de Família, acordos de quotistas, constituição de Holding Familiar, dentre outros, os quais possuem valor moral e jurídico e que através de regras claras visem prevenir os conflitos de interesses entre os sócios da sociedade e os membros da família.

Infelizmente, a compreensão da utilidade do Planejamento Societário para o sucesso das organizações produtivas de empresas familiares foi enfraquecida pela proliferação no mercado de falsos especialistas, oferecendo fórmulas milagrosas, inclusive como bem cita Gladston Mamede (2016), da "famigerada blindagem patrimonial".

A família, apesar de toda sua complexidade de interligações, é uma entidade basilar de qualquer ser humano, no entanto, suas relações são extremamente difíceis, razão pela qual deveria-se lançar mão do Planejamento Sucessório.

A ideia de fazer um Planejamento Sucessório é justamente criar uma estrutura societária que, uma vez implementada, minimize os conflitos, não afetando o negócio. Esse processo de divisão patrimonial e reorganização sucessória pode consistir na implementação de diversos mecanismos.

Dessa forma, quando não adotado um Planejamento Sucessório nas empresas, principlamente nas empresas familiares, tem-se uma grande preocupação: pode-se muitas vezes acabar por comprometer de maneira vital a continuidade do empreendimento, o que irá trazer consequências a todos os sucessores, afetando diretamente os funcionários, os familiares e a sociedade de uma forma em geral.

É importante ter em mente que, como bem preleciona Gladston Mamede (2016), nas empresas familiares, a reestruturação societária pode ser utilizada para acomodar os valores das novas gerações, permitindo-lhes demonstrar sua capacidade (além de ganhar experiência) no desenvolvimento de algum projeto específico, preservando o tronco principal da empresa, evitando problemas de ordem diversa.

Em alguns casos, por inúmeros motivos, sejam eles o despreparo dos herdeiros, a emoção da família, a disputa pela herança e a demora no processo de inventário, o bom andamento da empresa pode ser comprometido, o que, na grande maioria das vezes, se torna um passo irreversível para a diminuição na dinâmica e rendimentos, podendo culminar até na falência. E a quebra do *affectio societatis* é consagrada pela jurisprudência como condição determinante para a dissolução da empresa. Foi o que ficou explícito do acórdão do STJ, REsp: 1303284 PR 2012/0006691-5, em que a Exma. Relatora Nancy Andrigui considerou plausível a dissolução da sociedade anônima fechada de cunho familiar quando houve a quebra do *affectio societatis*.

Ainda, a Relatora, em seu voto, aduz que:

> Assim, a reunião de acionistas em torno de interesses convergentes torna a harmonia entre os sócios imprescindível à operacionalidade dessas empresas. Em outras palavras, em se tratando de companhia familiar, o regular desenvolvimento da atividade empresarial se mostra umbilicalmente atrelado à manutenção da affectio societatis, isto é, a confiança recíproca entre os sócios. Desse modo, o desentendimento entre os acionistas, conforme o grau, poderá inviabilizar o negócio, equiparando a ruptura da affectio societatis à causa suficiente para a dissolução, prevista no art. 206, II, b, da Lei nº 6.404/76 LSA, qual seja, a impossibilidade de a sociedade cumprir seu fim. (BRASIL, SUPERIOR TRIBUNAL DE JUSTIÇA, 2013, s. p.).

Nessa ordem de ideias, a jurisprudência do STJ, desde o julgamento do EREsp 111.294/PR, Rel. Min. Castro Filho, Segunda Seção, DJ 10/09/2007, reconheceu a possibilidade jurídica da dissolução parcial de sociedade anônima fechada, em que prepondere o liame subjetivo entre os sócios ao fundamento de quebra da *affectio societatis*:

> EMBARGOS DE DIVERGÊNCIA. QUESTÕES PRELIMINARES. SUBSTABELECIMENTO. RENÚNCIA DO ADVOGADO SUBSTABELECENTE. CAPACIDADE POSTULATÓRIA DO SUBSTABELECIDO. LITISCONSÓRCIO PASSIVO. MORTE DE UM DOS RÉUS. AUSÊNCIA DE HABILITAÇÃO DOS SUCESSORES. NULIDADE DOS ATOS PRATICADOS APÓS O ÓBITO. DESCABIMENTO. OBSERVÂNCIA DO PRINCÍPIO DA SEGURANÇA JURÍDICA. MÉRITO. DIREITO COMERCIAL. SOCIEDADE ANÔNIMA. GRUPO FAMILIAR. INEXISTÊNCIA DE LUCROS E DISTRIBUIÇÃO DE DIVIDENDOS HÁ VÁRIOS ANOS. QUEBRA DA AFFECTIO SOCIETATIS. DISSOLUÇÃO PARCIAL. POSSIBILIDADE. I - Ocorrida a renúncia por parte dos advogados substabelecentes ocorrido em data posterior à interposição do recurso pelos advogados substabelecidos, não se há falar em ausência de capacidade postulatória decorrente do substabelecimento. II - A jurisprudência desta Corte é firme no sentido de que a morte de uma das partes suspende o processo no exato momento em que se deu, ainda que o fato não seja comunicado ao juiz da causa, invalidando os atos judiciais, acaso praticados depois disso. Em situações excepcionais, porém, e visando preservar outros valores igualmente relevantes, justifica-se uma mitigação dos regramentos processuais, uma vez que nem mesmo o sistema de nulidades é absoluto. É o que deve ser aplicado ao caso dos autos, em que o espólio de um dos recorrentes, alegando haver tomado conhecimento da existência do feito apenas em 2002, comunicara o seu falecimento em 05/02/1993, requerendo a nulidade dos atos processuais praticados após o noticiado óbito. Há, todavia, que ser afastada a alegada nulidade processual, por não ter havido qualquer prejuízo às partes, haja vista que o interesse dos seus sucessores foi defendido em todos os momentos do processo, já que as petições apresentadas em juízo foram subscritas pelo mesmo advogado e em nome de todos os litisconsortes passivos da demanda, desde a contestação até a interposição do recurso especial. É de se ter presente que este processo tramita desde 1991, envolvendo questão altamente controvertida, cuja decisão de mérito, favorável à apuração de haveres dos sócios dissidentes já se encontra em fase de execução, não sendo razoável, portanto, a essa altura, declarar-se a nulidade dos atos processuais praticados após o óbito, sob pena de afronta ao princípio da segurança jurídica. III - É inquestionável que as sociedades anônimas

> são sociedades de capital (intuito pecuniae), próprio às grandes empresas, em que a pessoa dos sócios não têm papel preponderante. Contudo, a realidade da economia brasileira revela a existência, em sua grande maioria, de sociedades anônimas de médio e pequeno porte, em regra, de capital fechado, que concentram na pessoa de seus sócios um de seus elementos preponderantes, como sói acontecer com as sociedades ditas familiares, cujas ações circulam entre os seus membros, e que são, por isso, constituídas intuito personae. Nelas, o fator dominante em sua formação é a afinidade e identificação pessoal entre os acionistas, marcadas pela confiança mútua. Em tais circunstâncias, muitas vezes, o que se tem, na prática, é uma sociedade limitada travestida de sociedade anônima, sendo, por conseguinte, equivocado querer generalizar as sociedades anônimas em um único grupo, com características rígidas e bem definidas. Em casos que tais, porquanto reconhecida a existência da affectio societatis como fator preponderante na constituição da empresa, não pode tal circunstância ser desconsiderada por ocasião de sua dissolução. Do contrário, e de que é exemplo a hipótese em tela, a ruptura da affectio societatis representa verdadeiro impedimento a que a companhia continue a realizar o seu fim, com a obtenção de lucros e distribuição de dividendos, em consonância com o artigo 206, II, b, da Lei nº 6.404/76, já que dificilmente pode prosperar uma sociedade em que a confiança, a harmonia, a fidelidade e o respeito mútuo entre os seus sócios tenham sido rompidos. A regra da dissolução total, nessas hipóteses, em nada aproveitaria aos valores sociais envolvidos, no que diz respeito à preservação de empregos, arrecadação de tributos e desenvolvimento econômico do país. À luz de tais razões, o rigorismo legislativo deve ceder lugar ao princípio da preservação da empresa, preocupação, inclusive, da nova Lei de Falências - Lei nº 11.101/05, que substituiu o Decreto-lei nº 7.661/45, então vigente, devendo-se permitir, pois, a dissolução parcial, com a retirada dos sócios dissidentes, após a apuração de seus haveres em função do valor real do ativo e passivo. A solução é a que melhor concilia o interesse individual dos acionistas retirantes com o princípio da preservação da sociedade e sua utilidade social, para evitar a descontinuidade da empresa, que poderá prosseguir com os sócios remanescentes. Embargos de divergência improvidos, após rejeitadas as preliminares. (BRASIL, SUPERIOR TRIBUNAL DE JUSTIÇA, 2007, p. 183).

Decisão esta que vem sendo corroborada por outros r. Julgados, tais como a que se pode vislumbrar no Tribunal de São Paulo (Rel. Des. Luiz Antonio Costa, Rev. Des. Natan Zelinschi De Arruda, 3º Juiz Des. Alvaro Passos fls. 1630/1652), em que decidiu por unanimidade que a sociedade pode ser parcialmente dissolvida ante a perda da afeição societária que existia entre os que a instituíram:

> STJ - EDiv em REsp 1.079.763 - j. 25/4/2012 - julgado por Sidnei Beneti - DJe 6/9/2012 - Área do Direito: Comercial/Empresarial; Societário
>
> EMBARGOS DE DIVERGÊNCIA – Não conhecimento – Sociedade anônima – Dissolução parcial – Empresa de caráter familiar e fechado – Requisito da quebra da affectio societatis afirmado suficiente pelos acórdãos expostos como paradigmas – Clima beligerante, entre os acionistas, ademais, que atua contra a preservação da empresa e torna-se obstáculo à consecução de seu objeto social – Incidência da Súmula 168 do STJ.
>
> Ementa Oficial:
>
> EMBARGOS DE DIVERGÊNCIA. DISSOLUÇÃO PARCIAL DE SOCIEDADE ANÔNIMA DE CARÁTER FAMILIAR E FECHADO. REQUISITO DA QUEBRA DA AFFECTIO SOCIETATIS AFIRMADO SUFICIENTE PELOS ACÓRDÃOS EXPOSTOS COMO PARADIGMAS. ACÓRDÃO EMBARGADO QUE JULGOU NO MESMO SENTIDO. INCIDÊNCIA DA SÚMULA 168/STJ.
>
> 1.- O Acórdão ora embargado, firmando, como único requisito à dissolução parcial da sociedade anônima familiar fechada a quebra da affectio societatis, julgou exatamente no mesmo sentido dos Acórdão invocados como paradigmas pretensamente divergentes, de modo que não cabem Embargos de Divergência, nos termos da Súmula 168/STJ.
>
> 2.- Subsistência da orientação constante do Acórdão embargado: "A 2ª Seção, quando do julgamento do EResp n. 111.294/PR (Rel. Min. Castro Filho, por maioria, DJU de 10.09.2007), adotou o entendimento de que é possível a dissolução de sociedade anônima familiar quando houver quebra da affectio societatis (EResp 419.174/SP, Rel. Min. ALDIR PASSARINHO, DJ 04.08.2008)".
>
> 3.- Embargos de divergência não conhecidos. (BRASIL, SUPERIOR TRIBUNAL DE JUSTIÇA, 2009, s. p.).

Assim, em se tratando de questões familiares, muita atenção e cuidado devem ser tomados nesse momento. Decisões poderão ser postas em prática levando-se em conta histórias antigas ou sentimentos de posse com a empresa. Deixa-se de lado a aptidão e competência para se determinar o administrador e instaura-se uma disputa de egos e concepções que não ajudarão em nada a conservar o patrimônio social, bem como a desenvolver a sociedade.

Como diz Aronoff et al.(1998), existem basicamente duas maneiras de uma família evitar problemas, são elas: (1) contar com uma sorte suprema que dirija os acontecimentos; (2) elaborar combinações a respeito de assuntos difíceis antes que eles se tornem ainda mais complicados.

Lamentavelmente, as disputas entre familiares são conhecidas por se aproximarem de uma luta entre pessoas que podem sair feridas, com episódios tristes, que rapidamente conquistam a atenção dos outros, tornando-se escândalos. Dessa maneira, empresas familiares e famílias bem vistas podem ser lançadas num lamaçal que pode colocar em risco a hegemonia da família sobre determinado negócio. A hipótese é tola, certo de que os envolvidos estão cegos pela briga, envolvidos às limitações emotivas e não percebem que se enfraquecem mutuamente, enfraquecendo também o poder que a família tem sobre a empresa, assim, na busca de uma vitória individual em que todos acabam perdendo.

Nesse cenário confuso, a organização da sucessão com visão estratégica negocial surge como alternativa, a fim de alcançar a finalidade do Planejamento Sucessório no intuito de manter a organização patrimonial, higidez dos rendimentos da família, administração e desenvolvimento dos negócios, por meio de uma análise da composição familiar e patrimonial e depois optar pela forma mais vantajosa e menos onerosa para a transmissão dos bens.

Como esclarece Gladston Mamede:

> O ambiente familiar, muitas vezes, não é saudável ao diálogo, razão pela qual este processo pode-se tornar a maior fraqueza de uma sociedade. Ainda, outras questões podem ser destacadas, uma vez que também influenciarão no processo, como por exemplo, a incompetência dos herdeiros pra administrar a empresa. (MAMEDE, 2011, p. 79).

Por mais difícil que possa ser separar problemas familiares das questões societárias, o passo fundamental para a manutenção do sucesso do empreendimento é o Planejamento Sucessório. O Direito Empresarial e, mais especificamente, o Direito Societário, constituíram-se como disciplinas jurídicas que não estão atreladas às limitações emotivas e, justamente por isso, puderam sobejar normas para a convivência entre os sócios.

A submissão das famílias ao ambiente societário atribui regras mínimas à convivência entre eles, na medida em que atribui regras mínimas à convivência familiar no que se refere aos seus aspectos patrimoniais e negociais, respeitando as balizas erigidas pela lei, pelo contrato social, estatuto ou mesmo pelo protocolo instituído entre eles. Assim, os conflitos decorrentes dessa relação que antes estavam submetidos ao Direito de Família, deverão ser resolvidos à luz do Direito Empresarial, em que terão procedimentos a serem seguidos mediante a utilização de instrumentos mais eficazes de prevenção e solução, respeitando sempre a *affectio societatis*, ou seja, a obrigação de atuar a favor da sociedade e do seu bom andamento, do seu sucesso, convivendo em harmonia com os demais sócios.

A melhor postura administrativa é aquela que pesquisa os efeitos jurídicos das decisões tomadas, verificando não apenas sua licitude, mas igualmente os impactos que terá, a exemplo de encargos fiscais e trabalhistas, além dos melhores caminhos para que sejam concretizadas. Importa considerar a oportunidade de se evitar a eclosão de conflitos familiares.

Faz-se necessário conciliar os conflitos de interesse profissionais e pessoais para um bom desenvolvimento da utilização de ferramentas do Planejamento Sucessório, quais sejam: Holding Pura ou Mista, Administradora de bens imóveis próprios, Acordo de quotistas, Protocolo de Família e Testamento, caso seja essa a escolha.

Nessa feita, podemos definir Planejamento Sucessório como uma ferramenta para melhor estruturação do patrimônio familiar, visando facilitar a partilha dos bens e garantir um meio mais seguro e menos custoso aos herdeiros, visando à preservação da atividade exercida, bem como evitar conflitos incontornáveis gerados por discussões sucessórias e disputas de herança. Conflitos esses tanto na esfera familiar quanto crises de continuidade na gestão das sociedades empresárias e no funcionamento dos negócios. Costuma-se dizer, portanto, que o Planejamento Sucessório visa à manutenção da unidade patrimonial, garantindo a harmonia familiar diante de uma situação sensível.

Com a sucessão, as participações societárias serão transferidas para os sucessores, bem como o comando da empresa. Esse último poderá ser exercido por todos ou por somente um deles. Entretanto, mesmo que mais capaz que os demais, essa tomada de frente das decisões por um único administrador pode ser o estopim para o início da disputa entre os herdeiros, já que, legal e acionariamente, estão em situação de igualdade.

Sobre esse ponto, Helcio Kronberg afirma:

> [...] as pessoas físicas têm certo o falecimento. Quando proprietárias de bens, esses são entregues aos herdeiros através de procedimento judicial intitulado inventário. A provocação da instância judiciária normalmente é morosa, dado o trâmite necessário, assim como o respeito à publicidade (divulgação dos atos públicos, já que o processo é público).

> Entretanto, óbices podem surgir no processo que pode torná-lo ainda mais moroso. O próprio processo de inventário, além da indisponibilidade da administração enquanto perdurar o procedimento, traz custos significantes. Se o herdeiro for incapaz (relativamente ou absolutamente) a administração dar-se-á por curador ou tutor, sendo que os bens ficam impossibilitados, em regra, de alinenação.

No que tange o funcionamento da empresa, Rachel de Carvalho Martins ressalta:

> O processo de planejamento sucessório e sucessão administrativa podem ser considerados as fases mais sensíveis para a sobrevivência de uma empresa familiar, visto que poderão comprometer a continuidade do empreendimento. Em alguns casos, a falta de planjemanto societário, despreparo dos herdeiros e atitude emocionada da família durante o processo de sucessão podem acarretar desavenças e obstruir o bom andamento da empresa, comumente de forma irreversível.

Acerca do planejamento sucessório no plano negocial, Mamede complementa:

> A arquitetura societária pode ser manejada para preparar a corporação para a inevitável sucessão na condução de seus negócios. Isso se faz, antes de mais nada, no plano da própria sociedade, trazendo a nova geração para o quadro societário e, eventualmente, acomodando-a em funções de gerência, o que habitualmente não produz efeitos sobre a estrutura societária. Noutros casos, prefere-se criar outras sociedades para que se dediquem a parcelas destacadas do negócio ou passem a explorar novas possibilidades negociais, nelas acomodando os mais jovens, embora sob o controle dos mais experientes. Há sim, uma desvantagem de custo; mas contrapõe-se-lhe a vantagem de separar a parte tradicional da empresa de novas experiências, evitando que o fracasso nessas últimas possa comprometer a totalidade da atividade negocial e o patrimônio empresarial global. Como cada sociedade mantém relações comerciais e jurídicas próprias, carrega individualmente o risco de sua atuação, evitando que haja uma contaminação dos bons negócios por aqueles que se mostram deficitários.

Interessante trazer à tona o comentário de Ricardo César Dosso a respeito do planejamento sucessório e familiar:

O simples fato de as pessoas aceitarem com normalidade a discussão sobre o patrimônio familiar já se traduz em ganho, dado o verdadeiro tabu que, histórica e culturamente, cerca a questão, dificultando a sucessão na administração dos bens entre herdeiros com interesses e concepções diferentes.

A sucessão deve ser planejada desde o início da empresa e pode constituir em um elemento chave para a sobrevivência do empreendimento em longo prazo, sendo muito importante que o próprio empresário fundador ajude a coordenar o programa de ação preferencialmente durante o seu período de gestão, para que se possa utilizar o seu poder nas relações interpessoais. O processo sucessório é crítico para a sobrevivência da empresa, porém "[...] a falta de planejamento ou orientação para enfrentar a sucessão com o devido preparo está entre as mais freqüentes explicações para a derrocada de grupos familiares." (WERNER, 2004, p. 50).

Os principais fatores a serem avaliados no Planejamento Sucessório devem ser: treinamento dos herdeiros, avaliação, escolha e monitoramento dos sucessores; nível de centralização das decisões pelo sucedido; profissionalização da família; revisão da estrutura organizacional; determinação da missão empresarial; avaliação de fatores ambientais (fornecedores, clientes, funcionários antigos, instituições, interferência da família etc.); relação do sucesso da empresa com a figura do fundador; perfil do sucessor; aceitação, por parte do fundador, da necessidade do planejamento da troca do comando e transferência dos bens (LOURENZO, 1999).

4

CASOS PRÁTICOS EM PLANEJAMENTO DE SUCESSÃO, AVALIAÇÃO E REMUNERAÇÃO DISPONIBILIZADOS PELO INSTITUTO BRASILEIRO DE GOVERNANÇA CORPORATIVA

Segue abaixo, a título de exemplificação, um caso prático onde a implemtação do Planejamento Sucessório trouxe grandes benefícios e faz desta empresa reconhecida a nível nacional uma empresa em potencial para se investir.

O Estudo de caso foi feito pelo IBGC que é uma organização exclusivamente dedicada à promoção da Governança Corporativa no Brasil e o principal fomentador das práticas e discussões sobre o tema no País, tendo alcançado reconhecimento nacional e internacional. Fundado em 27 de novembro de 1995, o IBGC – sociedade civil de âmbito nacional sem fins lucrativos – tem o propósito de ser referência em Governança Corporativa, contribuindo para o desempenho sustentável das organizações e influenciando os agentes da nossa sociedade no sentido de maior transparência, justiça e responsabilidade.

Segundo o IBCG, "as questões relativas às PESSOAS têm tido cada vez mais espaço nas pautas de fatores críticos para a longevidade e redução de riscos das empresas". Por sua particularidade, no sentido de que muitas vezes o intangível é o que impacta nos resultados, elegeram para estudo três temas que contribuem para o alinhamento da estratégia, a garantia da continuidade da empresa com lideranças preparadas e a disseminação da cultura que une e orienta a todos na empresa.

4.1 Casos de Avaliação - Natura: Uma história de boas práticas

4.1.1 Histórico da organização e contexto da governança

"A Natura é líder brasileira no setor de cosméticos, perfumaria e produtos de higiene pessoal. A empresa também apresenta uma história substantiva em sua trajetória rumo à adoção de boas práticas de governança. Desde o começo, seus três fundadores concentraram esforços na perpetuação da empresa. Foi estratégica a decisão que tomaram de implementar ações que aumentassem a credibilidade da empresa no mercado, alavancando seu desempenho por meio de uma gestão desafiadora e, acima de tudo, construindo um ambiente corporativo democrático e participativo.

A empresa conta com 7000 colaboradores no Brasil e em operações internacionais, além de 1,5 milhão de consultores. A Natura Cosméticos atua através de uma unidade de inovação e outra de logística, além de ter filiais em seis países (Argentina, Chile, México, Peru, Colômbia e França). Tem participação também de 65% da empresa de cosméticos Aésop, com sede na Austrália.

Observa-se que, quando a Natura finalmente decidiu abrir seu capital, em 2004, a empresa já tinha percorrido um longo caminho na implantação de boas práticas e havia organizado uma plataforma de governança estruturada. Seus balanços financeiros eram preparados de acordo com as normas internacionais, seu Conselho de Administração incluía membros externos com o Comitê de Auditoria sendo presidido também por um conselheiro externo e tendo o suporte da Gerência de Relações com os Investidores (RI), criada havia poucos meses.

A empresa optou por aderir voluntariamente aos requisitos de listagem do Novo Mercado da BM&FBOVESPA e é integrante do ISE (Indicadores de Sustentabilidade Empresarial) desde sua concepção. A questão da sustentabilidade permeia todo seu processo de gestão e de governança corporativa, sendo a primeira empresa brasileira a obter voluntariamente a certificação SOX baseada na lei norte-americana Sarbanes-Oxley. Desde 2007, a Natura integra o Company Circle of Latin American Corporate Governance, que tem o apoio do Banco Mundial e da International Finance Corporation."

4.1.2 Principais características do Conselho de Administração da Natura

Salienta-se algumas características relevantes do Conselho da Natura e que podem ser observadas em vários outros Conselhos de Administração, são elas: constante preocupação com as crenças e valores da organização; influência na estratégia e na sucessão da gestão e conselho como guardião dos fundamentos da empresa. Também existem outros aspectos específicos que a Natura considera na escolha por determinada metodologia de avaliação de Conselho, tema deste caso, ou seja: presença dos fundadores; busca de consenso; amizade e proximidade de seus integrantes; liberdade de expressão e respeito às divergências; acompanhamento pari passu dos principais temas de pessoas e projetos estratégicos.

Em outras palavras, a cultura do conselho, influenciada pela presença dos fundadores favorece um olhar mais crítico para o tema de pessoas, ainda que considere com cautela a forma de avaliar com respeito, em função da proximidade entre conselheiros.

A empresa paga à direção e aos membros do Conselho uma remuneração mista, combinando uma parcela fixa e outra variável. A parte variável é estabelecida conforme a realização de metas econômico-financeiras, sociais e ambientais, sendo os objetivos específicos aprovados no início de cada ano pelo Conselho de Administração. Também são oferecidas opções de compra de ações para a alta administração. A remuneração total é publicada no Relatório Anual da Empresa.

4.1.3 Composição do Conselho de Administração

a) Conselheiros

O Colegiado é formado por nove conselheiros com as seguintes características:

- Três conselheiros acionistas, que são cofundadores e sócios controladores (o grupo de controle da empresa é formado pelos três conselheiros acionistas e também pelos acionistas Anízio Pinotti e a família de Ronuel Mattos);
- três conselheiros externos;
- três conselheiros externos e independentes;
- quatro comitês de apoio ao Conselho de Administração.

O mandato dos conselheiros é de um ano e, dos seis conselheiros externos, apenas um é exclusivo da Natura. Os quatro restantes atuam em Conselhos de Administração de outras empresas, sem a presença conflito de interesses, o que é plenamente aceito pela empresa.

Para garantir as boas práticas da Secretaria de Governança, a Natura contempla em sua estrutura organizacional desde 2005 o cargo de diretor de Governança, que é exercido por um membro interno da sua Diretoria. O diretor de Governança Corporativa da Natura se reporta ao Conselho de Administração e é responsável pelas seguintes funções:

- Facilitar a interface entre a Diretoria executiva e o Conselho da Administração;
- ajudar a planejar a agenda anual do Conselho de Administração;
- definir a agenda de cada reunião do Conselho;
- atuar como membro integrante do Comitê de Governança Corporativa do Conselho de Administração;
- propor melhorias no sistema de governança corporativa da Natura;
- coordenar a implantação das melhorias aprovadas pelo Conselho.

b) Comitês de apoio ao Conselho de Administração

A Natura conta atualmente com quatro comitês de apoio, com responsabilidades específicas. Cada comissão é formada por um presidente (coordenador líder), membros e secretário. A composição dos comitês é definida pelo Conselho de Administração anualmente, em sua primeira reunião pós-assembleia geral de acionistas, e seus membros podem ser destituídos a qualquer momento pelo Conselho de Administração. A seguir, os comitês mais relacionados ao tema deste caderno: Comitê de Auditoria, de Gestão de Riscos e de Finanças; Comitê Estratégico; Comitê de Pessoas e Desenvolvimento Organizacional – responsável por subsidiar o Conselho de Administração na tomada de decisões relativas às estratégias, às políticas e às normas de Recursos Humanos, no que se refere ao desenvolvimento organizacional, ao planejamento e desenvolvimento de pessoas; às remunerações e benefícios dos trabalhos executivos, bem como apoiá-lo no acompanhamento e direcionamento das questões ligadas à área de Sistemas de Gestão. As reuniões são mensais e esse comitê conta com membros que não são conselheiros. Comitê de Governança Corporativa – responsável por monitorar o funcionamento de todo o sistema de governança da Companhia, acompanhar a evolução das melhores práticas internacionais e propor ajustes e evoluções no sistema de governança sempre que julgar necessário. Também deve acompanhar as medidas ligadas ao tema aprovadas pelo Conselho de Administração e reportar ao Conselho a situação e o progresso da governança corporativa. As reuniões são quinzenais.

4.2 Avaliação do Conselho: propósitos, princípios e processo

4.2.1 Características principais do processo de avaliação

A avaliação do Conselho de Administração enquanto órgão colegiado é feita em processo formal e periódico (anual). A avaliação dos comitês de apoio ao Conselho de Administração também é realizada periódica e formalmente, uma vez ao ano.

A Natura não faz avaliação individual de seus membros conselheiros participantes do Conselho de Administração como processo formal e sistemático. A avaliação da Diretoria Executiva (presidente e vice-presidente) também é resultante do processo formal e periódico (anual). Essa avaliação ocorre em uma reunião do Conselho de Administração.

Já existe na Natura uma "cultura da avaliação" bem consolidada, o que gera um clima de confiança mútua entre o entrevistado e o entrevistador. O processo de autoavaliação mais empregado é o de natureza qualitativa, por opção institucional e também por considerar a amostra de conselheiros pequena. A empresa prefere uma abordagem "mais" e "menos" auditing.

A condução do processo pode ter o suporte de consultoria externa (2006 e 2010) ou do diretor de Governança da Natura. Em 2009 ocorreu a Segunda autoavaliação do Conselho de Administração, realizada somente com a participação dos membros do Conselho. Em 2010 a Terceira autoavaliação do Conselho de Administração, realizada somente com a participação dos membros do Conselho. Em 2011 a Segunda avaliação externa do Conselho de Administração liderada por um consultor independente e incluindo a consulta ao Comitê Executivo da empresa. Em 2012 a Quarta autoavaliação do Conselho de Administração, realizada somente com a participação dos membros do Conselho. A técnica de coleta de dados é a entrevista estruturada, com um roteiro de perguntas dirigido a cada conselheiro pelo diretor de Governança ou um questionário, caso seja aplicado pela consultoria externa.

O propósito relevante da avaliação é buscar a melhoria contínua nas atividades do Conselho de Administração e identificar oportunidades de evolução de governança da companhia. O processo de autoavaliação é conduzido pelo diretor de Governança, mas com a participação e os direcionamentos dados pelo presidente do Conselho de Administração e pelo Comitê de Governança Corporativa. Os resultados da autoavaliação e da avaliação externa são consolidados em um documento único, apresentado e discutido no Comitê de Governança.

Corporativa e, posteriormente, apresentado ao Conselho de Administração. Os investidores são informados das mudanças implementadas em decorrência desse processo avaliativo. Observa-se que o Relatório Anual não apresenta os detalhes desse processo, mas sim os direcionamentos mais gerais e benefícios alcançados.

Como forma de exemplificar o processo de avaliação dos comitês de apoio ao Conselho de Administração, buscou-se respostas para as seguintes questões, cuja escala de notas pode variar de 1 (muito ruim) a 5 (muito bom).

- O comitê está funcionando de acordo com sua missão e planejamento de pauta?
- Há clareza da missão do comitê?
- O comitê está agregando valor ao Conselho de Administração?
- Houve evolução da agregação de valor do comitê em relação aos anos anteriores?

Os principais blocos de interesse da avaliação dizem respeito:

- À dinâmica e ao funcionamento do Conselho de Administração, apoiado pelos seus comitês;
- Aos comitês do Conselho de Administração em termos de atribuições e fluxo de trabalho;
- À integração de novos conselheiros;
- À qualidade das relações entre o Conselho e o corpo executivo;
- A outros temas atuais e de interesses relacionados à governança;

Em síntese, o Comitê de Governança Corporativa define o foco da governança e promove uma autoavaliação, geralmente anual, do sistema de governança como um todo. Cada conselheiro responde a um "bloco de perguntas" com objetivo específico, procurando detectar problemas e oportunidades que são transmitidas ao Conselho para ações de melhoria e renovação.

Esporadicamente, esse mesmo mecanismo é coordenado por uma consultoria externa, que traz inputs, benchmark e sugestões.

A empresa não vê, por enquanto, necessidade premente de avaliação individual de seus conselheiros em função do grau de senioridade, alta reputação e credibilidade dos mesmos.

4.2.2 Reflexos na organização e aprendizados

A seguir, elencamos os principais benefícios e aprendizados aportados como resultado do processo formal de avaliação do Conselho de Administração.

4.2.2.1 Principais benefícios

• A autoavaliação foi conduzida no âmbito do Comitê de Governança Corporativa, que propôs uma série de entrevistas individuais com o objetivo de capturar as impressões dos integrantes a respeito da dinâmica do Conselho, da autonomia para tomada de decisões e outros temas. Os principais resultados e conclusões foram consolidados e apresentados ao próprio Conselho. Entre os avanços decorrentes dessa autoavaliação estão a retomada das sessões executivas e melhorias nas pautas das atividades.

• Na avaliação externa realizada por uma consultoria em 2006, a análise incluiu o estudo sobre o tamanho e a composição do Conselho e seus comitês de apoio, o grau de empowerment, o clima, o valor adicionado ao trabalho por seus membros, entre outras questões. Formuladas com autonomia pela consultoria externa, as entrevistas individuais basearam-se em um cruzamento das iniciativas da Natura com as melhores práticas de governança encontradas internacionalmente.

• Os aspectos que alcançaram maior pontuação na avaliação externa dizem respeito ao bom clima de trabalho, à liberdade para tratar dos temas e apresentar as considerações, além da clareza das informações disponibilizadas para que o Conselho tome decisões. Porém, constatou-se que os critérios do processo de avaliação do Conselho e de seus comitês devem ser mais disseminados para a alta direção da empresa. Identificou-se também que as informações gerais são veiculadas de forma adequada, embora o fluxo possa ser aprimorado para que os integrantes tenham mais tempo para a análise.

O Conselho deve realizar regularmente sessões sem a presença dos executivos – as chamadas sessões executivas. Desta forma, o Conselho preserva um espaço de discussão formado exclusivamente por conselheiros, sem criar constrangimento às partes (item 2.11, Código das Melhores Práticas de Governança Corporativa do IBGC).

4.2.2.2 Principais aprendizados

• A participação do Comitê Executivo da Natura em 2010 permitiu entender melhor e alinhar as expectativas do COMEX com o Conselho Administração e vice-versa.

• Uma avaliação interna bem preparada viabiliza a qualidade do processo e pode substituir uma avaliação externa.

• Deve-se evitar questionários muito longos e detalhados.

• As conclusões da consultoria podem não ser suficientemente enfáticas.

• Os conselheiros ficaram à vontade para opinar sobre o Conselho e a governança.

• Templates como o guia de entrevista facilitaram a dinâmica.

• É importante haver templates bem elaborados, considerando as referências externas e as necessidades internas.

• Uma avaliação razoável é melhor do que nenhuma avaliação.

• A contratação de uma consultoria externa só deve ser feita se for comprovada a agregação de valor de sua atividade.

• O processo de avaliação deve ser conduzido de forma imparcial e estar a serviço do Conselho.

• Bons momentos organizacionais são mais propícios a processos de avaliações mais burocráticos.

4. Desafios futuros: O processo de avaliação deve servir como indicativo e oferecer subsídios para o seu Conselho de Administração, no sentido de aperfeiçoar atuais políticas e criar novos direcionamentos. Busca-se, por exemplo, encontrar respostas para as seguintes questões:

• Como otimizar a participação dos conselheiros e buscar o mesmo nível de comprometimento da parte de todos?

• Qual o melhor perfil de competências e contribuições que um Conselheiro deveria apresentar para o exercício de seu papel e função?

• Como lidar com a diversidade da composição do Conselho, considerando gênero, formação acadêmica, competência técnica, idade, experiência, entre outras variáveis?

• Como formar e preparar novos conselheiros?

• Deve-se ampliar o escopo atual da avaliação, que hoje é voltada mais para o colegiado e os comitês de apoio, e considerar também um processo formal de avaliação individual de conselheiros?

Considerações finais

A avaliação do Conselho de Administração da Natura pode ser considerada uma referência para as demais empresas do mercado brasileiro de capital aberto. É um processo que apresenta aderência ao Código das Melhores Práticas de Governança Corporativa e está em acordo com o Guia de Orientação para o Planejamento de Sucessão, Avaliação e Remuneração de Conselho de Administração e Diretor-Presidente, ambos publicados pelo IBGC.

Pode-se destacar as seguintes características principais reveladas no processo de avaliação do Conselho:

• A avaliação do Conselho de Administração é formal, periódica e sistemática, e o foco do processo é o Conselho enquanto órgão colegiado, os comitês de apoio ao Conselho de Administração e a Diretoria Executiva (presidente e vice-presidente).

• O propósito relevante da avaliação é buscar a melhoria contínua das atividades do Conselho de Administração e identificar oportunidades de melhorias nas práticas de governança na empresa.

• O histórico das ações desse processo tem contemplado avaliações externas (2006 e 2010) e autoavaliações (2007, 2009, 2010 e 2012). A coleta e análise dos dados é pautada pela aplicação de um questionário e entrevista. Há participação ativa da liderança do Comitê de Governança e do Conselho de Administração.

Os resultados da avaliação são reportados de forma mais detalhada ao Conselho de Administração e divulgados de forma mais consolidada junto à Assembleia de acionistas.

À luz das considerações finais, menciona-se que a organização atualmente não tem um processo formal e sistemático de avaliação individual de seus conselheiros. No entanto, esse é um quesito que está sendo considerado um dos desafios na avaliação do Conselho, como forma de aprimorar e consolidar melhor as atuais práticas de governança da Natura."

5

HOLDING FAMILIAR: SOLUÇÃO OU CONFUSÃO PATRIMONIAL?

As ferramentas mais utilizadas para criar impactos inovadores na estruturação jurídica de organizações produtivas e/ou de patrimônios mais vastos são as chamadas Holdings, nessas destacamos as Holdings Familiares. Importante frisar ainda que a Holding, por definição, deverá possuir em seu contrato/estatuto social o objeto de participar do capital social de outra sociedade.

A expressão Holding significa segurar, sustentar, deter, manter, controlar, guardar; resumidamente, significa domínio. Não reflete a existência de um tipo de sociedade especificamente considerado na legislação, apenas identifica a sociedade que tem por objeto participar de outras sociedades, isto é, aquela que participa do capital de outras em níveis suficientes para controlá-la. Serve para designar pessoas jurídicas (sociedades) que atuam como titulares de bens e direitos, o que pode incluir bens imóveis, bens móveis, participações societárias, propriedade industrial (patente, marca etc), investimentos financeiros, além do desenvolvimento do planejamento estratégico, financeiro e jurídico dos investimentos do grupo, centralizando as decisões e a administração de várias empresas de um mesmo grupo empresarial.

A Holding pode centralizar a administração das diversas sociedades e unidades produtivas, dando-lhes unidades, estabelecendo metas e cobrando resultados. Dessa maneira, torna-se núcleo de irradiação de uma cultura empresarial (benchmarketing) que pode até influenciar sociedades nas quais tem simples participação societária e não controle (MAMEDE, 2016).

Trata-se de Holding patrimonial familiar, sociedades cujo intuito é transferir o patrimônio para uma sociedade revestida de personalidade jurídica própria sem qualquer propósito negocial, isto é, com o exclusivo intuito de facilitar a administração patrimonial sucessória.

Na generalidade, caracteriza-se a holding pela participação societária como controladora de outras pessoas jurídicas, situação em que, compondo o quadro societário, participa a holding dos lucros das controladas. A ideia mais vendida no mercado é a da Holding Familiar como perfeição de constituição de uma empresa, como uma solução mais acertiva. O mercado a vende como a melhor estrutura de Planejamento Sucessório em empresas familiares. Pauta-se pela ideia de que adotando o tipo de sociedade que tenha a responsabilidade limitada dos sócios, nomeadamente a sociedade limitada e a sociedade anônima, não haverá responsabilidade subsidiária da sociedade holding pelas obrigações da sociedade controlada. Desse modo, o eventual fracasso dessas inciativas não contaminaria a sociedade controladora, bastando encerrá-la.

A constituição dessa sociedade, que na verdade deveria ser uma roupagem jurídica a facilitar a administração dos bens comuns e a sucessão familiar e não uma blindagem do patrimônio se dará de maneira tradicional, como a das outras sociedades, sendo aconselhável que seu tipo societário fique entre a sociedade limitada e a sociedade anônima de capital fechado, uma vez que se pretende manter a questão do *affectio societatis*, já que estamos tratando de família e da proteção do patrimônio individual dos sócios.

Pensa-se na Holding como uma das alternativas para a criação de uma administração mais profissional para esse tipo de sociedade. Com o objetivo precípuo de proteger e manter os interesses da família na empresa e ainda facilitar o processo sucessório, essa espécie de sociedade busca administrar os seus bens de maneira organizada e desvinculada das minúcias geradas pelas relações pessoais, fazendo com que o empreendimento fique de fora das questões familiares.

Assim, transfere-se todo o patrimônio da empresa familiar para a sociedade Holding e nesta, o que antes se tornaria herança, transforma-se em cotas/ações, já que ao se constituir a holding, o sócio fundador da empresa irá doar para cada um de seus herdeiros o equivalente em cotas/ações. Caso o sócio fundador pretenda continuar no controle das atividades até a sua morte, deverá, no momento da doação, gravar as ações com cláusula de usufruto. Isso quer dizer que o processo de transferência já foi realizado, mas até que venha a se afastar do comando, ainda será, por direito, do sócio administrador. Essas participações acionárias serão doadas aos antes herdeiros e agora sócios, podendo, através de cláusulas de usufruto, manter a administração nas mãos do sócio fundador até sua morte.

Assim, com sua morte, transferem-se as participações a quem lhes couber de direito e o processo estará encerrado, devendo agora, em assembleia, eleger uma nova administração, se já não foi feito antes.

As espécies de Holding podem ser puras: quando o objeto social somente é a participação no capital de sociedades puras, isto é, uma empresa que tem como atividade única manter ações ou quotas de outras sociedades. Nela não tem atividade operacional, a administração pode ser atribuída a todos os sócios ou, ser atribuída a algum em especial, pode-se prever um pro-labore figurativo, estipulado em valor mínimo. Assim como a receita da sociedade de participação é composta exclusivamente pela distribuição de lucros e juros sobre o capital próprio pago pelas sociedades nas quais tem participação, independentemente da função desempenhada pelos sócios, estejam ou não trabalhando nas empresas, a participação nos resultados se fará de acordo com a participação no capital social da Holding. Ou ainda pode ser uma Holding Mista, nos casos que além da atividade de participação societária, exerce a exploração de alguma outra atividade empresarial, serviços ou aluguéis.

Atrela-se ainda à constituição da Holding benefícios como a economia tributária em relação, por exemplo, ao ITCMD; economia com honorários advocatícios; economia com tempo que seria gasto no processo de sucessão pelas vias tradicionais. A título de elucidação, em relação ao processo normal de sucessão, tem-se a incidência do imposto de transmissão causa mortis e doação (ITCMD) para todos os herdeiros quando da doação. Este imposto tem variação estadual e, portanto, sua alíquota dependerá dos valores estabelecidos pelo Estado que se registra o processo, conforme Constituição da República Federativa do Brasil, em seu art. 155, I. A grande diferença que se tem nessa tributação é que ela incide somente sobre o valor dos bens transmitidos no momento da doação. Isso faz com que se pague um determinado imposto sobre um determinado bem. Entretanto, se este bem se valorizar depois, não há que se falar em nova cobrança. Assim, tem-se a possibilidade de, na morte do sócio fundador, as cotas valerem muito mais do que valiam quando transferidas, ou seja, houve uma economia no pagamento do tributo em relação ao que ocorreria no procedimento comum. Isso é esperado e planejado, tendo em vista que o objetivo de qualquer empresa é sempre expandir seu capital e seus lucros e nunca o contrário.

Ainda, busca-se, na Holding, o desenvolvimento de uma gerência profissional e estruturada, eliminando a questão dos casos de família interferindo no aspecto profissional da empresa familiar. A Holding será a acionista majoritária da empresa familiar, emitindo decisões uníssonas e precisas, não transparecendo as questões familiares à sociedade operadora. Com isso, tem-se a credibilidade desta perante todo o mercado de investidores, funcionários e clientes, fazendo com que seja próspera. Atribui-se a ideia de que a empresa familiar não participaria de qualquer conflito interno familiar, mas ao contrário, receberia da Holding ordens certas e claras. Assim, não se perceberia qualquer abalo na administração ou confusão de decisões, o que acontece exteriormente à holding não interfere na empresa. Isso faz com que não haja fuga de investidores e as atividades permaneçam a serem desenvolvidas, demonstrando ao mercado, funcionários e sociedade o profissionalismo da gestão da empresa, mantendo sua credibilidade com consumidores, fornecedores e favorecedores.

A holding como forma de proteção ou planejamento patrimonial pode diminuir os riscos e custos elevados de se ter um patrimônio substancial em nome de pessoas físicas em diversas situações como locações, alienações de imóveis, inventário, dentre outros benefícios a exemplo do planejamento sucessório, oportunidade que se doa aos filhos com condições seguras e restritivas. Em linhas gerais, cria-se uma pessoa jurídica controladora de patrimônio e denominada holding para se atenuar esses impactos financeiros e fiscais. Essa empresa recebe todos os bens de seus sócios, os quais passam a deter apenas quotas da empresa, sendo ela geralmente constituída sob a forma de uma sociedade limitada ou anônima.

Esta estrutura empresarial é considerada uma excelente oportunidade para aperfeiçoar a administração corporativa do negócio. Ainda que não seja a única alternativa, a partir da criação de uma holding para controlar patrimônio, um grupo empresarial, filiais e suas unidades estratégicas de negócios, pode-se, de forma segura e econômica, viabilizar a gestão do negócio de forma corporativa e profissional.

Conclui-se, enfim, ser esse modelo de sociedade muito atrativo às empresas familiares no que tange ao planejamento de sucessão e, consequentemente, à sua perpetuação no mercado por inúmeras gerações e não somente àquelas próximas à de seu sócio fundador, como é muito comum encontrarmos hoje.

Porém, apesar de ser vendida como uma ideia idealizadora de solução, o que os entendimentos jurisprudenciais mostram na verdade é outro lado da Holding, como criada com o objetivo de fraudar o processo executivo e inviabilizar a efetivação de interesse material reconhecido judicialmente. Os profissionais acabam por deturpar a finalidade dos institutos lícitos, constituindo na verdade uma proteção patrimonial ilícita. Utilizam de uma organização societária totalmente lícita que é a Holding para tentar convencer as pessoas que esse instituto "blindaria" o patrimônio, mas na verdade caracterizará fraude e dependendo das ações empregadas, constituirá crime.

É nítido que a intenção de blindar o patrimônio é torná-lo inatingível, utilizando de práticas ilícitas para não expor os bens diante de qualquer obrigação, especialmente trabalhistas, fiscais, societárias, ambientais, cíveis ou até mesmo na partilha do divórcio, dentre outras situações. O objetivo é esconder os bens de tudo e todos.

As práticas ilícitas e artesanais são inúmeras, como: simulação, dilapidação patrimonial, liquidação precipitada, alienação irregular do estabelecimento empresarial, transferência dos bens para filhos, irmãos, terceiros, além de outras. O que se pode perceber, a priori, é que o sistema legal aplicado às sociedades não mais atende aos requisitos de um mercado cada vez mais dinâmico, tendo em vista as jurisprudências que vislumbram a holding como uma forma negativa, ou seja, uma forma obscura de blindagem patrimonial. "Blindagem patrimonial" através da constituição da holding familiar, ou seja, a possibilidade de ser estabelecida uma sociedade empresária que concentre os bens móveis e imóveis das pessoas físicas e jurídicas, sendo que tal acervo estará escudado perante os credores, sejam eles: civis, consumidores, empregados, e, até mesmo, a Fazenda Pública.

A Holding pode até não proteger o patrimônio contra terceiros como se vende nas ideias vislumbrantes e nem impedir a prática de império pelo Estado, a exemplo da desapropriação de quotas ou mais comum, a sua penhora em processo executivo.

Nesse panorama, coaduna com esse entendimento, várias jurisprudências em que se considera a Holding como caracterização de grupo econômico. Tais entendimentos sabiamente apontam que ao ser reconhecido o grupo econômico e verificada confusão patrimonial e requisitos de desvio de finalidade, é possível desconsiderar a personalidade jurídica de uma empresa para responder por dívidas de outra, inclusive em cumprimento de sentença, sem ofensa à coisa julgada, sendo cabível a penhora no rosto dos autos da desapropriação para a garantia da execução fiscal (BRASIL, SUPERIOR TRIBUNAL DE JUSTIÇA, 2012, s. p).

> RECURSO ESPECIAL. EMPRESARIAL. PROCESSO CIVIL. DESCONSIDERAÇÃO DA PERSONALIDADE JURÍDICA. CUMPRIMENTO DE SENTENÇA. RECONHECIMENTO DE GRUPO ECONÔMICO. REVISÃO DOS FATOS AUTORIZADORES. SÚMULA Nº 7/STJ. NULIDADE POR FALTA DE CITAÇÃO AFASTADA. EFETIVO PREJUÍZO PARA A DEFESA NÃO VERIFICADO. OFENSA À COISA JULGADA INEXISTENTE. AUSÊNCIA DE NEGATIVA DE PRESTAÇÃO JURISDICIONAL. SÚMULA Nº 98/STJ. 1. Reconhecido o grupo econômico e verificada confusão patrimonial, é possível desconsiderar a personalidade jurídica de uma empresa para responder por dívidas de outra, inclusive em cumprimento de sentença, sem ofensa à coisa julgada. Rever a conclusão no caso dos autos é inviável por incidir a Súmula nº 7/STJ." (grifo nosso) (BRASIL, SUPERIOR TRIBUNAL DE JUSTIÇA, 2012, s. p.)

> Os doutos julgadores notariamente, esclarecem que demonstradas a comunhão de interesses entre as empresas, a existência de sócios da mesma família, o mesmo ramo de atividade e a semelhança na denominação social, não há como afastar a responsabilidade solidária de todas elas, pois resta caracterizado o grupo econômico, prova de fato indicativo de fraude, que autoriza a desconsideração da personalidade jurídica para responsabilizar as pessoas jurídicas, a teor do artigo 2º, § 2º, da CLT. (BRASIL, TRIBUNAL REGIONAL DO TRABALHO - 3ª SEÇÃO, 2013, s. p.)

> GRUPO ECONÔMICO. CARACTERIZAÇÃO. Demonstradas a comunhão de interesses entre as empresas, a existência de sócios da mesma família, o mesmo ramo de atividade e a semelhança na denominação social, não há como afastar a responsabilidade solidária de todas elas, pois caracterizado o grupo econômico, a teor do artigo 2º, § 2º, da CLT. E uma vez cancelada a Súmula 205 do TST, não é mais necessário que todos os integrantes do grupo tenham participado do processo de conhecimento para integrar o polo passivo da execução. (BRASIL, TRIBUNAL REGIONAL DO TRABALHO - 3ª SEÇÃO, 2012, p. 264)

E ao aludir à caracterização do grupo econômico, os Julgadores a comparam com a blindagem patrimonial, como no caso do julgado xxx, sobretudo, diante da existência de divisão societária meramente formal entre as sociedades, quer dizer, todas elas estão sob a mesma unidade gerencial e patrimonial, constituídas justamente para burlar as cobranças tributárias e prejudicar terceiros, no caso, o fisco. Aplica-se, assim, a teoria da desconsideração da personalidade jurídica, incorporada ao nosso ordenamento jurídico, que tem por escopo alcançar o patrimônio dos sócios e representantes legais que se utilizam da autonomia patrimonial da pessoa jurídica para fins ilícitos, abusivos ou fraudulentos, nos termos do que dispõe o artigo 50, do CC, exigindo, para tanto, a comprovação do desvio de finalidade ou de confusão patrimonial.

O que geralmente se vislumbra camufladamente com a constituição da Holding, é justamente fraudar o pagamento dos débitos tributários em que os sócios anuem com seu envolvimento na formação do grupo econômico para isolar o ativo rentável do grupo, ao passo que as demais sociedades detêm para si o passivo tributário, fazendo daquela a componente sadia do grupo econômico, intocável pelos credores. (REsp 1230060/PR e EREsp 1330567/RS, ambos julgados pela SEGUNDA SEÇÃO). AGRAVO PARCIALMENTE PROVIDO. (Agravo de Instrumento Nº 70064154339, Vigésima Segunda Câmara Cível, Tribunal de Justiça do RS, Relator: Marilene Bonzanini, Julgado em 08/05/2015). (TJ-RS - AI: 70064154339 RS, Relator: Marilene Bonzanini, Data de Julgamento: 08/05/2015, Vigésima Segunda Câmara Cível, Data de Publicação: Diário da Justiça do dia 13/05/2015).

> AGRAVO DE INSTRUMENTO. EXECUÇÃO FISCAL. MEDIDA ACAUTELATÓRIA DE INDISPONIBILIDADE. PRELIMINAR DE NÃO CUMPRIMENTO DO DISPOSTO NO ART. 526, DO CPC, AFASTADA. PRELIMINAR DE DECISÃO EXTRA PETITA. INOCORRÊNCIA. FORTES INDÍCIOS DE FORMAÇÃO DE GRUPO ECONÔMICO. DESCONSIDERAÇÃO DA PERSONALIDADE JURÍDICA. PRESENÇA DO REQUISITO DO DESVIO DE FINALIDADE E, TAMBÉM, DE CONFUSÃO PATRIMONIAL. BALIZAMENTO DAS RESPONSABILIDADES PELO VALOR DA EXECUÇÃO FISCAL. ALEGAÇÃO DE IMPENHORABILIDADE. INEXISTÊNCIA DE PROVA. ARTIGO 659, § 2º, DO CPC. FAZENDA PÚBLICA. EXCEPCIONALIDADE DO CASO CONCRETO. APLICAÇÃO FINANCEIRA. LIMITE DE IMPENHORABILIDADE DO VALOR CORRESPONDENTE A 40 (QUARENTA) SALÁRIOS MÍNIMOS. ALCANCE DO ART. 649, X, DO CPC. - O não cumprimento do disposto no artigo 526, do CPC, EREsp 1330567/RS quando argüido e comprovado pela parte agravada, implica não conhecimento do recurso. No caso, todavia, a parte agravante cumpriu com o disposto, diante do ofício e da certidão remetidos pelo juízo a quo a este Tribunal. - Inexiste decisão extra petita quando o julgador interpreta o pedido formulado de forma lógico-sistemática, levando em consideração todos os requerimentos feitos ao longo da peça. É a aplicação do vetusto princípio denominado jura novit curia, o qual, dados os fatos da causa, cabe ao juiz dizer o direito. - A prova carreada aos autos, por ora, evidencia a formação de grupo econômico entre as sociedades Extreme, Wave Flower, Viidy, Surf

Brands, Lenox, Totora, Ali Pelican, LL Standard e... Mastermind, diante, não só da blindagem patrimonial da sociedade Mastermind Consultoria e Franchising, e com ela da marca "Trópico", e a constante absorção do passivo tributário pela sociedade LL Standart Representações Ltda. em vista da incorporação das sociedades Wave, Lenox, Totora, Extreme Viidy e Surf Brands, mas, sobretudo, diante da existência de divisão societária meramente formal entre as sociedades, quer dizer, todas elas estão sob a mesma unidade gerencial e patrimonial, constituídas justamente para burlar as cobranças tributárias, e prejudicar terceiros, no caso, o fisco. - A teoria da desconsideração da personalidade jurídica, incorporada ao nosso ordenamento jurídico, tem por escopo alcançar o patrimônio dos sócios e representantes legais que se utilizam da autonomia patrimonial da pessoa jurídica para fins ilícitos, abusivos ou fraudulentos, nos termos do que dispõe o artigo 50, do CC, exigindo, para tanto, a comprovação do desvio de finalidade ou de confusão patrimonial. - No caso concreto, ao que se evidencia dos documentos acostados aos autos, está presente não só o desvio de finalidade operado pela agravante e seus familiares, consistente na blindagem patrimonial da sociedade Mastermind Consultoria e Franchinsing, e com ela da marca "Trópico" (por meio de cessão da marca), com a concentração do considerável passivo tributário das sociedades Wave, Lenox, Totora, Extreme, Viidy e Surf Brands na soci... Standart, por meio de incorporações, práticas que visaram justamente fraudar o pagamento dos débitos tributários, mas, também, a confusão patrimonial, porquanto a agravante foi sócia da sociedade Viidy Representações Ltda., anuindo com seu envolvimento na formação do grupo econômico justamente na época em que a empresa Mastermind Consultoria e Franchising se preparava para isolar o ativo rentável do grupo (marca "Trópico"), ao passo que as demais sociedades detinham para si o passivo tributário, fazendo daquela a componente sadia do grupo econômico, intocável pelos credores, de forma que também deve responder pelos débitos tributários, salvo se, posteriormente, a prova até então carreada aos autos restar derruída, o que, até o momento, não ocorreu. - A responsabilidade tributária da agravante deve-se restringir ao débito objeto da presente ação, não podendo englobar outras dívidas tributárias, até porque o pedido do próprio agravado foi no sentido de balizar a indisponibilidade dos bens e direitos até o limite do crédito tributário. - É sabido por todos que os créditos de natureza salarial, destinados ao sustento do devedor e de seus familiares, aí incluídos os proventos e pensões, não são, por esse motivo e regra geral, suscetíveis de penhora judicial, adquirindo, portanto, o caráter de impenhorabilidade, ex vi do art. 649, IV, c/c art. 648, ambos do CPC. No caso, a parte agravante não comprovou que o bloqueio dos ... corrente, do Banco do Brasil, sejam provenientes de verba salarial, ônus lhe que incumbia, nos termos do § 2º, do artigo 655-A, do

> Código de Processo Civil. - Sem desconhecer o entendimento jurisprudencial de ser inaplicável o art. 659, § 2º, do CPC, à Fazenda Pública, porquanto isenta do pagamento das custas processuais, bem como porque o crédito tributário é indisponível, no caso específico, é de ser realizado o desbloqueio do valor depositado na sua conta corrente, do banco Bradesco, diante da inexpressividade do valor bloequado. - O Superior Tribunal de Justiça em recentes julgados uniformizou o entendimento no sentido de ser possível ao devedor poupar valores sob a regra da impenhorabilidade no patamar de até quarenta salários mínimos, não apenas aqueles depositados em cadernetas de poupança, mas também em conta-corrente ou em fundos de investimento, ou guardados em papel-moeda (REsp 1230060/PR e EREsp 1330567/RS, ambos julgados pela SEGUNDA SEÇÃO). AGRAVO PARCIALMENTE PROVIDO. (Agravo de Instrumento Nº 70064154339, Vigésima Segunda Câmara Cível, Tribunal de Justiça do RS, Relator: Marilene Bonzanini, Julgado em 08/05/2015). (TJ-RS - AI: 70064154339 RS, Relator: Marilene Bonzanini, Data de Julgamento: 08/05/2015, Vigésima Segunda Câmara Cível, Data de Publicação: Diário da Justiça do dia 13/05/2015)

Importante frisar que não é só na esfera civil que se tem dado o reconhecimento do grupo econômico com a consequente desconsideração da personalidade jurídica, mas também esee reconhecimento pode se dar na esfera trabalhista.

Vale ressaltar que a caracterização do grupo econômico para fins jurídicos trabalhistas não se submete a rigorismos formais exigidos para essa mesma caracterização perante outros ramos do direito. Quando configurada a existência de grupo econômico, nos termos do artigo 2º, § 2º, da CLT, segundo os doutos julgadores, "formam verdadeira 'holding familiar', gerenciando vários tipos de negócios".

Diante da análise das jurisprudências, leva-se a questionar se a Holding seria a melhor forma de se optar para fazer um Planejamento Successório, já que como é usada por muitos no inutuito ilícito de blindagem, poderia ser confundida ou julgada de forma equivocada mesmo que não tenha como objetivo primordial burlar o sistema. Portanto, não é correto ver a constituição de uma holding familiar como a solução para todos os problemas e, principalmente, uma garantia de recolhimento a tributos menores. É indispensável a avaliação por um especialista para que cada situação mais vantajosa seja possível e que, no fim das contas, a constituição da holding se mostre desaconselhável.

Percebe-se que a maior preocupação dos empresários é em relação ao patrimônio, se teria o envolvimento e vinculação dos seus bens particulares ao do grupo. É nesse contexto que se deve analisar bem qual a forma de governança adotada, pois a holding está vinculada à blindagem patrimonial, uma vez que, teoricamente, todos os bens passam para a Holding, evitando assim que esses sejam atingidos por evetuais processos judiciais que ocasionalmente possam vir a ocorrer e acabar com aquilo que foi construído em uma ou várias gerações. E ao que se constata nas jurisprudências acima, vê-se que essa suposta proteção pode estar fadada.

6
A NOVA ADVOCACIA

É nesse contexto da necessidade de uma mudança da postura dos escritórios de advocacia, viciados em vender a ideia de Planejamento Sucessório, como a Holding, como forma também de blindar o patrimônio em que se estrutura a nova forma de Tecnologia Jurídica, que surge a aplicabilidade de novas ferramentas de Planejamento Sucessório.

Hoje em dia, não se advoga mais para as demandas existentes, mas faz-se uma advocacia preventiva em que se estuda as necessidades e o contexto do cliente para assim atuar de forma a ter condições de lhe oferecer um Planejamento jurídico da Sucessão eficiente à sua realidade/necessidade.

Como bem ressalta Mamede et al. (2015), o Planejamento Sucessório é apenas mais uma das ferramentas da advocacia moderna, ou seja, mais uma inovação tecnológica que se consolidou recentemente na sociedade brasileira, em boa medida em face da expansão econômica experimentada nos alvores do século XXI e com ele a modernização empresarial.

Frisa-se que falar em Tecnologia da Advocacia não é necessariamente falar em implantar ferramentas tecnológicas de gestão ou outras formas de tecnologia, mas sim fazer uso de ferramentas jurídicas para antever os problemas e trazer as melhores estratégias aos clientes. A advocacia moderna não se limita à ações judiciais, não se confunde com litígios e ambientes judiciários, nem se limita à demandas e processos, mas, ao contrário, esse novo advogado deve ser um profissional que estuda o Direito e constrói situações jurídicas em conformidade com o direito, antenado às mudanças jurisprudenciais, prevenindo os litígios e problemas e oferecendo segurança jurídica.

No vislumbre dessa Tecnologia Jurídica é que percebe-se a venda defasada da ideia de constituição da Holding como forma de Planejamento Sucessório. Esse novo profissional que antecipa os problemas e desafios, estando atento às jurisprudências e que veem, em sua grande maioria, a Holding como uma forma de blindagem patrimonial, ou seja, que a veem de uma forma negativa, deve participar de debates do presente e do futuro da empresa, auxiliando na escolha de uma forma de Planejamento Sucessório que não comprometa todo o legado construído, tendo em vista que cada alternativa estratégica têm as suas consequências e as suas repercussões jurídicas.

É preciso organizar adequadamente todo o patrimônio e, segundo Gladston Mamede (2016), "o direito é uma ferramenta básica, elementar, para isso, é preciso estar atento à tecnologia jurídica e, mais do que isso, às inovações tecnológicas, que podem resultar de alterações legislativas, alterações jurisprudenciais, alterações nas teorias acadêmicas e, mesmo, alterações na prática dos operadores jurídicos."

Com as mudanças sociais e culturais que ocorrem diariamente em nossa sociedade, assim também acontece no direito, em que as alterações jurídicas são inevitáveis, evoluindo, reacomodando, trazendo consigo a importância e essencialidade de preocupar-se em amoldar-se às novas balizas. Caso esse que vem sendo debatido ao longo deste trabalho: a desmistificação da holding familiar, em que utilizando-se de uma postura preventiva e proativa do novo advogado, voltado a garantir alternativas jurídicas que primem pela excelência, percebe-se que a mesma não é a ferramenta mais aconselhável de ser aplicada.

Por meio dos estudos às jurisprudências de holding familiar fica nítido que os juízes, na sua capacidade de "reelaboração de uma experiência", não repetem decisões de um contexto histórico completamente distinto deste, mas consideram que o direito aparece como um sistema dinâmico e de permanente mudança tratando dos problemas do mundo contemporâneo.

Elucidando bem essa nova visão da holding, em que tanto na esfera cível quanto na esfera trabalhista as consequências geralmente são desastrosas, temos o r. voto do Desembargador Relator MARCELO FREIRE GONÇALVES, em que de forma extremamente clara e elucidativa explica como a caracterização do grupo econômico é ainda mais fácil de ser percebida na esfera trabalhista:

> GRAVO DE PETIÇÃO. GRUPO ECONÔMICO. REQUISITOS. ART. 2º DA CLT.
>
> Ementa Oficial:

> GRUPO ECONÔMICO.
>
> A configuração do grupo econômico no campo do Direito do Trabalho difere dos outros ramos do Direito. Para o Direito do Trabalho a noção de grupo econômico dispensa formalidades próprias do Direito Comercial. Basta a comprovação de que as empresas atuam sob controle, direção ou administração de outra ou mesmo em coordenação e que exploram atividade econômica, conforme § 2º do art. 2º da CLT. A identidade de sócios ou acionistas das empresas, por si só, não é suficiente para caracterizar o grupo econômico. O elemento fundamental para a conclusão acerca da existência de grupo econômica é, além da comunhão de sócios, a identidade de objetivos sociais, ou seja, a existência de interesse comum que integre as atividades das empresas e faça com que atuem de forma concertada.(TRIBUNAL REGIONAL DO TRABALHO, 2014, s.p.)

Um termo que se encaixa perfeitamente a esse contexto de necessidade em se pensar um ideal de Planejamento Sucessório, de preocupação com a estrutura jurídica do patrimônio e das atividades do seu cliente, é a sustentabilidade jurídica, que nada mais é do que esta nova postura do advogado que se esforça e tem capacidade de fazer planejamentos para seus clientes e sua família, trazendo-lhes segurança alinhada com o direito, evitando riscos de litígios e punições diversas.

Desta forma, esse advogado que emerge da necessidade de orientar no Planejamento Sucessório deve assumir o papel de agente transformador, ou seja, deve ter atuação preventiva e não simplesmente reativo e orientado a litígios, tendo sempre em vista que as sociedades empresárias atuantes no mercado visam, além do seu papel na função social, o atendimento ao seu respectivo objeto social e a possibilidade de obter uma ampliação de seus ramos de atividade e, consequentemente, a ascensão de seus negócios, além da continuidade da atividade, mesmo após a morte de seus proprietários.

Para que isso não seja um motivo de questionamentos e desentendimentos entre as famílias, geralmente tradicionais e unidas, devemos atentar-nos a um modelo preventivo. Nas palavras de CARVALHO, "com efeito, as relações econômicas existentes entre um casal e deste para sua prole e/ou terceiros necessitam ser regradas de acordo com seus interesses e possibilidades, e isso será traduzido mediante a adoção de um planejamento familiar próprio, com consequências tributárias, societárias civis e sucessórias" (CARVALHO, 2015, p.95).

Ele deve planejar, responder a consultas preventivas e negociais, assessorar a realização da implementação do Planejamento Sucessório sem se esquecer de que a ética está em primeiro lugar, ou seja, não basta vender a ideia de holding sendo que num futuro esse cliente poderá ser visto como um grupo econômico que tinha finalidade de burlar o fisco, de blindar seu patrimônio, tanto na esfera cível como na esfera trabalhista, sendo que para planejar a sucessão e continuidade da empresa existem outras ferramentas extremamente úteis que são aceitas pela jurisprudência, sem acarretar nenhum ônus. Nas palavras de CARVALHO:

> Assim, o direito, em sua amplitude, disponibiliza ao aplicador da lei diversas maneiras de manuseio dos institutos jurídicos para subsidiar a solução de demandas apresentadas pela sociedade. Com efeito, várias discussões em relação a questões patrimoniais surgem juntamente com um procedimento sucessório. Isso se dá pela objetividade desse procedimento que se pauta em apenas atribuir os quinhões hereditários a quem for de direito. Mediante a elaboração de planejamento pautado em normas de natureza empresarial, é possível realizar uma adequação mais viável da herança ainda em vida por seu titular, sem que, para isso, as limitações impostas pelo direito das sucessões sejam infringidas, além de trazer vantagens quanto ao tempo de duração, viabilidade econômica, organização patrimonial, assim como redução de carga fiscal e tributária."(CARVALHO, 2015, p.95).

Dessa forma, a adequação a esse desafio e o conhecimento de instrumentos legais de natureza empresarial tornou-se ferramenta essencial de trabalho, e que vem se destacando como tema atual exigido pelo mercado para realização de divisão patrimonial ainda em vida, conferindo a devida atenção, tanto à perpetuação das atividades empresariais familiares quanto à união dos herdeiros e ao afeto familiar.

7

COMO SE DÁ O PROCESSO DE DESENVOLVIMENTO DO PROTOCOLO DE FAMÍLIA

Segundo Melquicedec Lozano Posso, em seu artigo "El Protocolo en las empresas de propriedad familiar" (2000), o protocolo de família deve ser concebido em uma estrutura que promove todo o processo que começa com o interesse de qualquer membro e termina com a elaboração e adoção por toda a família. Obviamente não pode ser esquecida a sua revisão periódica para fazer os ajustes apropriados quando necessário.

Essa rica ferramenta pode ser definida como protocolo manifesto; família, planejamento estratégico em empresas familiares; planejamento de sucessão; tratamento de relação familiar; implementação do conjunto da família e conselho de família; estudo de transições dentro do sistema familiar-empresária ou conhecimento das tendências de negócios da família no mercado. Na verdade, um bom plano estratégico do negócio familiar recebe em seu plano de desenvolvimento e sucessão o protocolo de políticas.

Por outro lado, a implementação do Protocolo de Família resulta em fóruns de negócios onde todos os assuntos familiares relacionados com a empresa serão debatidos. Os fóruns reúnem o conselho de família ou representantes do conjunto e são formados por cerca de cinco membros confiáveis e comprometidos em levar adiante os interesses da família. Geralmente, o conselho de família dá autoridade para escrever o documento final do protocolo discutido em fóruns e para lidar com a compra e venda de ações de fundos.

Por outro lado, nos fóruns pode ser vislumbrada a necessidade de melhorar o relacionamento familiar do grupo ou de alguns membros em particular, com a contratação de consultores especializados, bem como de um bom conhecimento das relações interpessoais para assim conhecer a dinâmica com a qual o sistema família/empresa funciona.

Se os membros da família proprietária estão realmente interessados em posicionar seus negócios adequadamente e projetar fortemente para o futuro, eles devem estar cientes das transições que existem ou existirão dentro do sistema familiar-empresarial, geradas por assuntos de família ou atividades de negócio, porque cada um vai influenciar o outro e estão em constante transição.

Da mesma forma, eles devem estar cientes de novas tendências no crescimento e expansão que ocorrem no mercado, tais como alianças estratégicas e fusões, pois é importante considerar dentro da faixa opções da empresa para seu futuro.

Vejamos as principais questões a este respeito:

Interesse inicial - Geralmente a preocupação em fazer um protocolo sobre a família da empresa tem origem na iniciativa de um ou mais membros por meio de um evento, meios de comunicação ou diálogo informal com alguém, em que eles aprendem o conceito. A preocupação é trazida para a família e começam os primeiros focos de interesse na gestão protocolo.

Primeira reunião - A primeira congregação é com todos os membros da família com fins empresariais e familiares em que cada um leva suas dúvidas e expectativas. Ela deve incluir uma indução inicial sobre a importância de estar em harmonia, tanto para a família quanto para a empresa, e também deve considerar uma mensagem introdutória sobre a importância da preservação da empresa e contribuir para sua perenidade. Nesse fórum inicial, é escolhido um moderador e também quatro ou cinco membros que representarão a Assembleia e que farão como conselho familiar. Essas pessoas devem ter um alto compromisso com o seu papel e exercê-lo a sério, com lealdade e imparcialidade de representação que lhes foi confiada. Além disso, neste primeiro fórum, tanto a assembleia familiar quanto o conselho de família serão institucionalizados e a periodicidade dos fóruns será determinada. Se possíveis comitês de apoio forem constituídos, serão esses organizados e terão como responsabilidades aplicar os formulários e tarefas a todos os membros da família.

Segunda reunião - Entre a primeira e a segunda reunião deve haver um prazo razoável para que os membros da família discutam a vivência discretamente e defininam o que poderiam e como gostariam de colaborar. Esta reunião é o direito de organizar comitês de apoio dando, dessa forma, responsabilidades e tarefas a todos os membros da família. Essas comissões podem ser: liquidez, treinamento, avaliação, remuneração e gestão. No entanto, o primeiro passo é expor aos outros todos os ressentimentos, ciúmes, iras e sentimentos que cada um carrega. Se depois de fazer as intervenções apropriadas for detectado que a relação entre alguns está se deteriorando e não há harmonia suficiente no grupo, devem ser agendadas oficinas para melhorar e progredir no desenvolvimento do protocolo, para assim definir quando as condições do ambiente serão saudáveis para a implantação do Protocolo.

As reuniões subsequentes - Os fóruns seguintes devem alcançar o progresso gradual nos acordos entre membros e a definição do protocolo. Para a terceira reunião já deve haver um primeiro projeto a ser submetido à consideração dos participantes. Os pontos em que a Assembleia não puder concordar podem ser delegados aos membros do conselho de família para não parar o processo em questões que podem ser tratadas com sabedoria por eles. Por outro lado, o moderador deve falar previamente com o principal responsável pela empresa para facilitar a realização de fóruns.

Processo final - Após longas deliberações a família será capaz de fazer uma versão final do protocolo, que deve ser aprovado por todos os membros participantes. Posteriormente, a frequência das reuniões pode ser mais espaçada e ter os seguintes objetivos: informar aos membros sobre temas atuais do contexto da empresa familiar; resolver as questões relativas ao acordo e fazer ajustes ao protocolo necessário como resultado de mudanças na família, na empresa e no mercado-alvo.

O conselho de família deve ser vigilante e lutar por uma fase de melhoria permanente da empresa familiar. Além disso, o conselho tenderá à boa gestão dos fundos para a aquisição de ações e de capital de risco; um inspector guardará os minutos do conselho de família e manterá os registros dos membros. É provável que nem todos os membros concordem com todos os termos, mas deve ser sujeita ao número de votos da maioria para aprovação correspondente.

7.1 Elementos significativos do seu desenvolvimento

Realizado o Protocolo de Família deve-se levar em conta fatores anteriores que devem ser conhecidos por todos os membros da família. A aceitação e imersão neles fomenta um clima de acolhimento e respeito mútuo que aqui são os mais importantes.

Liberdade - Todos os membros da família envolvidos na empresa devem ter liberdade suficiente para expressar seus pensamentos sobre as assembleias familiares e nenhuma pessoa deve ter preferência sobre outra, quando dada a oportunidade para expressar o que se quer. Também é importante compreender que sob nenhuma circunstância deve haver pressão e todos não devem se sentir desta forma, porque o que se busca é o bem para todos.

Pacto de honra - O protocolo de família deve ser um pacto de honra, um acordo de cavalheiros entre os que assinaram. Esse compromisso deve ser baseado no amor e na comunhão familiar. Cada envolvido deve apoiar os termos acordados e se alguém não está de acordo deverá apresentar a sua proposta nos fóruns.

Esse pacto é um compromisso de honra a todos os participantes, com a família e com a empresa. Portanto, todos devem tomar consciência antecipadamente da responsabilidade assumida e abordá-la com seriedade e maturidade.

Family Values - Embora seja verdade que os valores que são promovidos variam de família para família, cada um dos membros têm pelo menos alguns em comum e serão eles que manterão integrada a relação e favorecerão as boas relações. Esses valores-chave devem ser aproveitados para dar força à família à frente das variáveis que são usadas na empresa. Deve haver em cada adulto uma permanente preocupação em ensinar e transmitir bons hábitos, crenças valiosas e valores de ordem superior. Um membro da família com esse perfil será capaz de preparar um protocolo e implementá-lo, e será mais propenso a ter sucesso.

Relacionamento familiar - É essencial que no início do processo de elaboração do protocolo, a família tenha um ambiente harmonioso.

Se não houver condições adequadas, é aconselhável começar com profissionais especialistas para melhorar a relação doméstica, mesmo que isso signifique um atraso no início do manifesto. Conforme bem expressa Lair Ribeiro em uma declaração publicada no jornal página sete Portafolio de 28 de Julho de 1999: "O melhor momento para reparar um telhado é quando o tempo é estável e o sol brilha." O protocolo não deve ser desenvolvido em um momento em que há lutas de poder. Pelo contrário, deve-se aproveitar períodos de unidade familiar e de negócios e, se eles não existem, deve-se alcançar isso em primeiro lugar.

7.2 Estrutura do protocolo

O protocolo deve acomodar todos os problemas que a família proprietária considerou nos fóruns e reuniões familiares. Seu conteúdo depende, portanto, da mesma família, suas crenças, seus valores, sua cultura, quando é feito e o que eles querem da empresa e de si mesmos. Ele não deve ser tão curto quanto para definir aspectos de lado importantes para o sistema familiar-empresarial ou tão longo e detalhado que está permanentemente preso a ele, mesmo para assuntos triviais. O protocolo deve declarar políticas de vanguarda e os temas principais da relação família-empresa.

a. Deve conter pelo menos os seguintes tópicos:
b. Os valores a serem transmitidos para os membros mais jovens e para as próximas gerações.
c. Os esforços e sacrifícios que estão dispostos a fazer.
d. Abertura ou restrição à entrada de membros da família. O envolvimento da família na gestão empresarial.
e. Maneiras de manter boas relações, resolver conflitos e manter a harmonia.
f. Políticas de remuneração, incluindo distribuição de lucros.
g. Acordos para compartilhar momentos de distração, recreação, integração.
h. Processos para alcançar objetivos pessoais e profissionais a cada ano.
i. Com a intenção de propriedade do capital e sua transmissão. Sucessão de propriedade.
j. Situações que seriam consideradas, permanecendo negócios da família. Possibilidade de fusões, alianças estratégicas, joint venture e assim por diante.
k. Preparação das próximas gerações. Desenvolvimento de habilidades de liderança e de entrada do processo e saída.

Os requisitos para os membros da família que desejam trabalhar na empresa são:

a. Influxos de capital de pessoas desconhecidas.
b. Ações detidas por não parentes.
c. Capitulações.
d. Criação de fundos de liquidez.

e. Regulamento do funcionamento do fundo.
f. Gestão de ativos financeiros existentes.
g. Políticas para transações de capital; processos de decisão e propriedades, legados e riquezas patrimoniais devem ter o caráter de intransferível na família.
h. Políticas, eleição e destituição dos governantes.
i. Funcionamento dos órgãos sociais.
j. Participação e regras.
k. Problemas de comportamento éticos dos membros da família no negócio.
l. Estratégia, organização e continuidade de negócios no mercado, incluindo as políticas de empréstimos, a diversificação, expansão e investimento.
m. Compromisso explícito dos membros signatários em relação à operação, sobrevivência e crescimento da empresa, bem como a sua vontade de monitorar e ativos de controle.
n. Avaliação das qualidades e desempenho pessoal.
o. Avaliação do desempenho do negócio.
p. Regras para os não participantes no desenvolvimento dos membros da família de protocolo.
q. Considerações sobre as modificações do protocolo.

7.2.1 Exemplos

Um exemplo de estrutura geral é o **exemplo A**, abaixo:

1. Demonstração de compromisso.
2. Filosofia de gestão e objetivos.
3. Encargos, requisitos e remuneração.
4. Parentes, familiares e não familiares políticos.
5. Eleição e requisitos de gestão superior.
6. O direito de votar e de propriedade.
7. Criação do Conselho. Principais funções.
8. A partir do conjunto da família. Periodicidade e propósito.

9. Considerações de empregados não familiares.
10. Alterações.

Um exemplo mais detalhado é o **exemplo B:**

1. Quadro Operacional

1.1 . Missão e visão.

1.2 . Promoção de valores.

1.3 . Efeitos sobre a família e os valores da sociedade.

1.4 . Condições, relacionamentos e apoio necessário para ter sucesso.

1.5 . Esforços para reviver as esperanças e defender os valores.

2 . Constituição

2.1. Políticas de participação.

2.1.1 . Membros de preparação.

2.1.2 . Transferências de um posto para outro.

2.1.3 . Saídas da empresa.

2.1.4 . Sogros.

2.1.5 . Assunção de compromissos.

2.2 . Liderança e plano de manejo.

2.2.1. Plano de educação.

Empresa de formação

Informações sobre planos de propriedade e de sucessão.

Suporte para objetivos pessoais, profissionais e necessidades de cada membro.

2.2.2 . Compartilhando plano

Transmissão de família, dos negócios e da história. Testemunhos, documentos.

Institucionalizar a cultura e as tradições de alto significado da família.

Manifestação dos interesses de participação de cada membro.

2.2.3. Plano de benefícios

Treinamento e desenvolvimento de pessoal.

Relacionamento e vínculos com a indústria e a sociedade.

Atitude filantrópica.

Distribuição de lucros.

Contingências no plano familiar.

Suporte para novas ideias e empresas de montagem.

Bem-estar econômico e liberdade pessoal.

2.2.4) Plano para gerir a gestão familiar

Local e recursos.

Orçamento, fundos, títulos.

2.2.5) Plano para a harmonia familiar

Reuniões de integração.

Melhorar a relação doméstica.

Viagens, excursões, passeios.

3) Programa Família

3.1) Falando pontos.

3.2) Programa, local e data.

3.3) Atribuições e trabalhos de casa.

4) As alterações ao protocolo.

Por fim, há também o **exemplo C**:

1) Visão e missão da família contra a empresa.

2) Primeira cláusula: Objeto do protocolo.

2.1) Preservar a integridade e unidade.

2.2) Proporcionar mecanismos para a resolução ou a prevenção de conflitos.

3) Cláusula Segunda: Princípios e valores da família e da empresa.

3.1) Código de ética.

3.2) Valores e crenças.

4) Cláusula Terceira: Resolução de Conflitos.

4.1) Solução amigável e compromisso.

4.2) Recorrência à arbitragem.

5) Cláusula Quarta: Propriedade.

5.1) Oferta preferencial aos consanguíneos.

5.2) Fundo de Contingência e readquirir partes da capital.

5.3) Criação de um comitê de liquidez.

5.4) Capitulações.

6) Cláusula Quinta: Liderança e gestão.

6.1) Montagem de família e conselho de família.

6.2) Comitês.

6.3) Conselho Diretivo.

6.4) Requisitos para fazer parte do conselho.

6.5) Cargos de direção superior.

6.6) Distribuição e lucros reinvestidos.

7) Cláusula Sexta: relacionamento familiar contra o meio ambiente.

7.1) Harmonia familiar.

7.2) Reuniões em busca de boas relações.

7.3) Planos conjuntos para lazer e diversão.

8) Cláusula Sétima: perto da família e os membros não familiares.

8.1) Ligando famílias e parentes.

8.2) Considerações para trabalhadores não familiares.

9) Cláusula Oitava: Compromisso da família com a empresa.

9.1) Dedicação para a excelência.

9.2) Relações win - win.

9.3) Do respeito às hierarquias.

9.4) Gestão adequada dos fluxos econômicos.

9.5) Obtenção de concorrência com o negócio da família.

10) Cláusula Nona: Alterações aos direitos Protocolo e votantes.

11) Assinatura de compromisso.

12) Anexos.

7.3 Plano de implementação de protocolo

Uma vez que o protocolo é familiarizado desenvolve-se um plano de implementação em que é recomendado e pode conter o seguinte:

Treinamento.

Planejamento de sucessão e aposentadoria.

Socialização dos membros da família e de transmissão de valores.

Programação.

Orçamento (5 anos).

Finanças (5 anos).

Supervisão.

Treinamento

Eles exigem treinamento para cargos de gestão?

Que tipo de treinamento?

Qual é a duração?

Onde receberão?

Socialização dos membros da família

Levar a empresa a partir de idades tenras.

Promover a história corporativa.

Organizar e disseminar álbum, vídeo e lâminas sobre a empresa.

Fazer visitas a outras empresas.

assembleias familiares e escolher o conselho de família.

Incentivar os jovens a frequentarem eventos ou eventos associados ao mundo dos negócios e do setor de negócios da família.

Por exemplo, meios audiovisuais e conversas transmitindo valores profundos da infância: solidariedade, respeito, sinceridade, honestidade, justiça, amor, compreensão; atitudes de alta categoria: a criatividade, a motivação para realização, a independência, a autonomia, a autossuficiência, a laboriosidade, a perseverança e o risco moderado.

Horário

Orçamento

A família deve ter claro o custo que envolve a implementação do protocolo para os primeiros cinco anos.

Financiamento

Identificação de fontes.

Fontes seleccionadas.

Custo financeiro.

Efeito sobre os lucros ou a liquidez.

Supervisão

Pessoas comprometidas.

Supervisão tempo.

Boletim de emissões.

8

O PROTOCOLO DE FAMÍLIA COMO INSTRUMENTO JURÍDICO DE CONTINUIDADE DA EMPRESA E O ACORDO DE QUOTISTAS

Conforme bem elucida Miguel Silva, a maior dificuldade da empresa familiar é a miscelânea que se faz, com repercussões jurídicas, sobre os institutos família-propriedade-empresa. Pior ainda é a empresa fazer ecoar as discordâncias latentes de seus membros consangüíneos nas instalações da organização fazendo dos negócios uma extensão das suas casas. Nesse ponto, é imperioso lembrar as palavras amargas de Aristóteles Onassis que devem, a todo custo, serem afastadas de nossa realidade: "Família é o grupo de pessoas unidas pelo sangue e o amor, mas separadas pelo dinheiro." (MIGUEL SILVA, 2006, s. p.)

Como forma de mecanismo para superação do conflito que geralmente permeia as empresas familiares numa esfera superior aos cargos da organização, a governança tem um importante papel na medida em que pode reduzir conflitos e criar o espaço para os familiares que não serão gestores terem contato e poder de decisão junto à empresa. Um bom exemplo é o Protocolo de Família que, segundo Paulo Tondo, tem a finalidade de estabelecer proposições razoáveis de convivência entre os membros familiares que os constroem, visando tornar a "vida" dentro das empresas e das famílias mais tranquila e organizada.

Esse protocolo servirá de base para a tomada de decisão a respeito de temas polêmicos, delicados e que, por não serem esclarecidos, geram conflitos e possíveis dissoluções de sociedade familiares.

Os protocolos familiares, que também podem ser chamados de pactos, acordos, constituições, estatutos ou códigos de conduta devem ser formais, escritos e firmados entre os membros de um determinado grupo e pactuados entre cônjuges e herdeiros. A participação de cada integrante da família na construção do conteúdo do item a ser proposto no protocolo faz com que exista maior probabilidade de comprometimento entre as partes, visando à perpetuação futura. Esse instrumento deve envolver o todo, ouvindo os interesses de cada indivíduo. O pensamento individual que estiver em conflito com o grupo precisa ser acertado em favor do todo.

Muitas vezes, a vontade pessoal é deixada de lado e o que, aparentemente, é fraqueza, se transforma em forma poderosa posteriormente. A finalidade do Protocolo Familiar é disciplinar as relações familiares, patrimoniais e societárias entre os signatários, atribuindo-lhes direitos e obrigações. Partindo do princípio que como consequência necessária a uma adaptação da nossa legislação às mudanças nos contextos históricos, faz-se necessário um instrumento para flexibilizar o regime jurídico, configurado numa sociedade que não é fechada e que convive em harmonia com as novas tendências.

Conflitos de interesse podem existir e muitas vezes as adversidades ou fatalidades da vida, os descuidos no cumprimento das regras, as pressões exercidas pelas dificuldades em relação a compromissos financeiros ou problemas de vaidade ou mesmo de influência de novos cônjuges ou parentes podem despertar "diferenças" anteriormente deixadas de lado.

Nos protocolos de família são apresentados os valores da família e são definidas as regras que irão regular as relações entre a Família, a Propriedade e o Negócio. Neles serão definidos, por exemplo, as regras para entrada de familiares na empresa, direitos e responsabilidades de membros da família que trabalham na empresa e programas de educação para sócios e herdeiros. Essas definições irão prevenir ou resolver futuros conflitos que podem surgir entre os familiares e os negócios, e isso contribuirá para tornar mais possível a continuidade da empresa. As regras de um protocolo precisam prever situações do passado, do presente e do futuro. O cuidado, ou seja, a preocupação com o que está por vir se justifica em função da complexidade criada com o surgimento de novas gerações.

Por fim, visando estabelecer regras para estabilizar empresas familiares e famílias empresárias em suas relações de familiares, empresariais e de propriedade de forma resumida e ilustrativa, um Protocolo Familiar deve incluir: Critérios para ser considerado membro da família; Valores familiares; Plano de educação de familiares; Regras de entrada, manutenção e saída de executivos familiares; Políticas de distribuição de lucros e de compensação; Negócios paralelos; O exercício do direito de voto e bloco de controle.

Segundo Cláudia Tondo (11),

> acordos familiares produzem combinações que buscam manter as pessoas próximas e contribuem de forma positiva para o funcionamento dos negócios. Na essência, propiciar aos membros da família empresária a construção de um Protocolo Familiar é incentivar a integração dos membros da família com o negócio e propiciar o planejamento de médio o longo prazo para a família. Nosso trabalho com empresas familiares e famílias empresárias mostra que o sucesso na construção de um Protocolo familiar está ligado aos diálogos e discussões que a família realiza durante a elaboração de documento. Portanto, na elaboração do Protocolo Familiar, "o processo" conta tanto como "o resultado", pois o trabalho desenvolvido com os familiares antes, durante e depois da elaboração do documento propriamente dito é tão importante, como o documento em si.

Portanto, na elaboração do Protocolo Familiar, "o processo" conta tanto quanto "o resultado", pois o trabalho desenvolvido com os familiares antes, durante e depois da elaboração do documento propriamente dito é tão importante quanto o documento em si.

Segundo Miguel Silva (2006, s. p.),

> Não importando qual o cenário da organização para a sucessão, harmônico ou pautado por impasses e, considerando a importância da empresa familiar, é preciso que lhe seja conferido um tratamento especial pela legislação, sob pena da sua continuidade ser comprometida, causando dano não só a família envolvida, mas também para a sociedade, dada a sua relevância econômica.

Em suma, o protocolo surge porque a família não deve separar o planejamento estratégico da família do planejamento estratégico da empresa. Embora os planos sejam diferentes, cada um é influenciado pelo outro e, portanto, devem ser complementares, dando forçaum ao outro. Para isso, a empresa exige que os membros da família determinem o grau de comprometimento com a empresa.

Ele é um documento escrito que define claramente os valores e a relação entre as famílias e as suas políticas em relação à empresa, e com ele será alcançada uma melhor gestão das situações difíceis e uma diminuição no aparecimento dessas.

O protocolo é essencialmente um documento da família, mas intencionalmente preparado para a empresas familiares. Nele a família estabelece uma missão que irá orientar as relações familiares e de negócios. O seu desenvolvimento deve ser feito com paciência e deve ser baseado nas discussões feitas em reuniões em que todos os membros da família que tenham a ver com a empresa deve participar. Esse documento, declaração ou enunciação traz benefícios significativos para a família e a empresa porque, como diz Peter Leach em seu livro sobre empresas familiares, "as famílias que enfrentam o futuro unida, e têm objetivos e políticas em relação claramente definida a empresa tem uma chance muito maior de sucesso do que aqueles que só reagir a eventos."

Dessa forma, em razão da importância sócio-econômica das empresas familiares, a legislação espanhola cuidou de regulamentá-las, visando a continuidade da empresa, regulamentando especificamente esse tipo de empresa, recomendando que a Administração Pública adote políticas de informação para melhor desempenho das empresas familiares, por intermédio da Lei nº. 7/2003, "Sociedad Limitada Nueva Empresa", que estabelece as condições e requisitos para elaboração dos Protocolos Familiares.

Esse é considerado um instrumento jurídico adequado para regulamentar a problemática que as empresas familiares estão inseridas. Essa regulamentação veio com o compromisso de reforçar o espírito inovador e empreendedor que permite às empresas familiares enfrentar o mercado e as dificuldades que encontram em sua continuidade, no caso, a sucessão.

As previsões trazidas por meio dessa lei se materializam em atuações que têm que começar, precisamente, pela simplificação em transmitir a continuidade da empresa e pelo empemho de assistência que deverá ser dada pelo Estado como "Assistência técnica" necessária para ajudar tanto nos momentos prévios da constituição da emrpesa familiar quanto durante os anos de sua atividade até o momento da sucessão, para que se dê de forma pacífica e não comprometa a continuidade da empresa.

Para isso, a Lei se intitula "Proyecto Nueva Empresa", que tem como objetivo estimular a criação de novas emrpesas, especialmente a "coluna vertebral"

(ESPANHA, 2003, s. p.) da economia espanhola e da Europa, e são chaves para a criação de postos de trabalho.

Assim, tendo em conta que a perspectiva de pequenas e médias empresas com fatores geradores de riquezas e emprego e com o objeto de proporcionar os meios suficientes para poder desenrolar, alcançar o âmbito internacional e superar as trocas de gerações dentro das empresas, a presente lei intenta resolver três problemas que são identificados na maioria das empresas espanholas: as dificuldades de financiamentos, a perda de controle da gestão pelos sócios e os problemas de superveniência da sociedade derivados da sucessão.

Por último, introduzem transformações na legislação civil vigente nos aspectos que se ordenam nas relações entre os membros de uma família e a sucessão da unidade produtiva, para dotá-la de instrumentos que permitam desenhar na vida do empreendedor a sucessão mais adequada da empresa em todas as possibilidades configuradas: societária, empresa individual etc. Essas modificações realizam-se atendendo um critério integrador do ordenamento provado em conjunto com as legislações civis do Estado.

Com esse fim, essa mencionada lei se fundamenta em três elementos essenciais: O Centro de Informação e Rede de Criação Empresas (CIRCE), o Regime Jurídico desta nova lei de Protocolo de Família e o sistema de contabilidade simplificada.

Mediante essa rede, pretende-se conseguir dois dos objetivos da lei, quais sejam: a criação de uma infraestrutura de centros de assessoramento, informação e serviços acessível a todo o território nacional através da internet e a constituição de uma rede de criação de empresas que facilitaria ao máximo os empresários a darem início às suas iniciativas empresariais.

Com o objetivo de agilizar ao máximo os trâmites administrativos necessários para a constituição e posta em marcha as empresas, o projeto contempla a possibilidade de realizar os mesmos procediemntos eletronicamente. Assim, a lei visa proteger e estimular o pequeno empresário, com amparo desde a constituição da empresa à sua continuidade e, se necessário, o encerramento. Regulamenta as condições, formas e requisitos para a publicidade dos protocolos familiares, assim como o acesso ao Registro mercantil das escrituras públicas que são suscetíveis de inscrição

Assim, no Brasil, as empresas familiares merecem o mesmo tratamento da Espanha, pois, como tartado anteriormente, existe uma grande dificuldade da família em manter a empresa, seja por conflitos internos de gestão, seja porque não tem um tratamento jurídico específico que confira tranquilidade aos fundadores, sucessores, funcionários, fornecedores e demais interessados na continuidade do sucesso da organização.

De posse desse protocolo, será possível reduzir a possibilidade de ocorrência de conflitos, definir critérios para tratá-los se eles ocorrerem, fornecer na definição de políticas dentro do curso de planejamento estratégico, direcionar os objectivos da família e da empresa a interesses comuns e, ainda, contribuir para manter ou aumentar as afeições e união familiar.

Essas questões incentivam os empresários, certos de que estarão contribuindo para a continuidade das empresas familiares e que, quando alcançado, acarretará em um efeito positivo sobre a dinâmica econômica.

Infelizmente, como bem aduz Miguel Silva em seu texto "O protocolo de família como instrumento jurídico de continuidade da empresa" (2006, s. p.), o nosso Código Civil só trata da empresa sem deferir peculiar atenção a esta e o nosso legislador não trata da problemática inerente a empresa familiar, bem como da sucessão como forma de aquisição da propriedade, então até o momento, essas empresas se valem do acordo de quotistas tratada, por exemplo, pelos autores Celso Barbi Filho e Waldírio Bulgarelli, sob a égide da atual ordenação das limitadas em que consagram a validade, vigência e eficácia do Acordo de Quotistas, fundamentada na aplicação supletiva do art. 118 da Lei 6.404/76 embasados no art. 1.053 do Código Civil, que é instrumento idôneo a formar grupos coesos de interesse no seio da sociedade empresária limitada, decorrente do acordo de acionistas aplicável na sociedade anônima, podendo na verdade valer-se de outros instrumentos mais simples e eficazes.

Feitas essas considerações, se faz necessário utilizar o "Protocolo de Família", que tem natureza jurídica análoga como instrumento de viabilização da continuidade da empresa, destarte, citado protocolo é um refinado "Acordo de Quotista-Sucessores".

Ainda, conforme aduz J. Miguel Silva no que concerne a natureza jurídica desse instrumento trata-se de um acordo com o propósito de fixar regras de cunho patrimonial, societário e de gestão organizacional para o êxito da empresa nas gerações vindouras, deixando límpida a distinção que se requer entre os institutos família-propriedade-empresa.

Portanto, insta asseverar que o "Protocolo de Família" é um instrumento jurídico que pode ser utilizado como uma poderosa ferramenta na administração de conflitos, quando da transição patrimonial de uma geração para outra, buscando sempre a longevidade da empresa e pode ser utilizado como ferramenta eficaz na prevenção de litígios e, na eventualidade desses, as soluções a serem dadas em que a família empresária acorda sobre a forma de sucessão e gestão da sociedade, tendo como bem sagrado e maior, a continuidade saudável da empresa no transcorrer das gerações.

Poderá ser firmado com base no art. 421 da Lei 4.602/2002- Código Civil, segundo o qual "a liberdade de contratar será exercida em razão e nos limites da função social do contrato", portanto, sua natureza de instrumento jurídico privado tem o fito de regular as relações acordadas entre as partes, ou seja, um pacto parassocial que norteará a vida da sociedade familiar, regrando a sucessão patrimonial, societária e administrativa com o propósito de dar longevidade à organização.

O Protocolo de Família é um acordo firmado entre os sócios, em que dispõe sobre os papéis a serem exercidos pelos membros da família enquanto proprietários e sucessores. Papéis esses que não se dão em um rol taxativo, tendo em vista que cada empresa tem sua característica e perfil. Nele estará disposta a postura e posição de cada um dos membros, a fim de que ao separar esses papéis não gere confusão patrimonial e comprometa a sobrevivência da empresa frente a terceiros, mas sim vise à continuidade da empresa com solidez e eficácia, em que os papéis de cada um serão traçados antecipadamente, a fim de não permitir que existam conflitos e interferências não desejáveis, deixando claro a postura que deve ser adotada por cada membro a fim de que não cause efeitos a terceiros que venha a comprometer a "saúde" da empresa.

Corroborando com esse entendimento, vê-se no julgado em que o exmo relator Claudio Soares Pires elucida em seu r. Voto que o Protocolo de Famíla tem sido reconhecido em nossos tribunais:

> AGRAVO DE INSTRUMENTO. RECURSO DE REVISTA. FGTS. REEXAME DE PROVAS. SÚMULA 126/TST. É incabível o recurso de revista para reexame de fatos e provas, hipótese que, por essa vertente, ademais, afasta a possibilidade de se admitir o apelo por suposição de dissenso jurisprudencial, ou por violação direta de norma legal/constitucional. Agravo conhecido e desprovido.
>
> ACÓRDÃO
>
> Vistos, relatados e discutidos estes autos de Agravo de Instrumento em Recurso de Revista n° TST-AIRR-152- 10.2012.5.19.0055, em que é Agravante ROSILDA MARIA GONÇALVES TENÓRIO e Agravado TRIUNFO AGROINDUSTRIAL LTDA..

Cuida-se de agravo de instrumento interposto contra despacho denegatório do processamento de recurso de revista. Observadas as formalidades contidas nas normas do Tribunal de origem e no Regimento Interno do Tribunal Superior do Trabalho, intimada a parte adversa para oferecer contrarrazões, coube-me seu exame, por distribuição; dispensada a remessa dos autos ao Ministério Público do Trabalho, nos termos do artigo 83 RITST.

É o relatório.

VOTO

ADMISSIBILIDADE.

Conheço do agravo de instrumento porque regular e tempestivo.

MÉRITO.

O Regional negou seguimento ao recurso de revista interposto, sob os seguintes fundamentos:

CONTRATO INDIVIDUAL DE TRABALHO / FGTS. Alegação(ões):

- violação do(s) artigo 7º, inciso III, da Constituição Federal. - violação do(s) Consolidação das Leis do Trabalho, artigo 457. Afirma que este Regional ao determinar a exclusão do pagamento da multa de 40% do FGTS incorreu em afronta do direito adquirido da Recorrente, uma vez que tal verba possui natureza salarial. Argumenta que a referida multa não pode ser afastada do rol dos direitos sociais assegurados na Constituição Federal. Aponta ofensa ao art. 15 da Lei nº 8.036/90. Consta do acórdão:

"DA IMPOSSIBILIDADE DE A RECORRIDA SER CONSIDERADA MEMBRO DA TERCEIRA GERAÇÃO. DA DECLARAÇÃO DE INVALIDADE DO PROTOCOLO FAMILIAR FEITA PELA FILHA E CÔNJUGE DA RECORRIDA EM ATA DE REUNIÃO. DA AUSÊNCIA DE PARTICIPAÇÃO DA EMPRESA RECORRENTE NA ELABORAÇÃO E FIRMAMENTO DO PROTOCOLO FAMILIAR - FAMÍLIA TENÓRIO. DO NÃO CUMPRIMENTO DOS ASPECTOS FORMAIS CONSTANTES DA CLÁUSULA 3.6.1.1 DO PROTOCOLO FAMILIAR - FAMÍLIA TENÓRIO. DA LIMITAÇÃO DA CONDENAÇÃO QUANTO AO QUE PRECONIZA A CLÁUSULA 3.6.1.1 DO PROTOCOLO FAMILIAR. DOS ARGUMENTOS EXISTENTES NA SENTENÇA. DA MULTA DE 40% DO FGTS. Sustenta que a recorrida não é membro da terceira geração, assim considerados os membros do protocolo Familiar - Família Tenório, firmado em 9 de novembro de 2007, que na conceituação prevista são descendentes diretos, de segundo grau, do Fundador José Tenório de Albuquerque Lins. Que a recorrida é ex-cônjuge do Sr. João Evangelista da Costa Tenório, membro da Segunda Geração e filho do fundador José Tenório de Albuquerque Lins. Que o Protocolo Familiar - Família Tenório em nada beneficia a recorrida, vez que apenas se dirige aos membros e descendentes diretos da Família Tenório. Que a recorrida é sócia da empresa recorrente, sendo detentora de aproximadamente 10% do capital social, participação esta adquirida em decorrência da meação de bens pertencentes ao seu ex- cônjuge. Pede a improcedência da reclamação trabalhista. Alega que a filha e o ex-cônjuge da recorrida declararam que, para eles, o Protocolo Familiar não estava em vigor e, no caso, na exordial, os pedidos têm como base o Protocolo Familiar questionado. Pede a improcedência da reclamação trabalhista. Aduz que a recorrente não participou do Protocolo Familiar - Família Tenório, não devendo a reclamada ser responsabilizada por um ato do qual não teve participação alguma. Que a finalidade do Protocolo Familiar - Família Tenório é disciplinar as relações familiares, patrimoniais e societárias entre os signatários, atribuindo-lhes direitos e obrigações, entretanto, sem qualquer participação da recorrente ou de qualquer outra empresa (fl.375). Requer a improcedência da reclamação trabalhista. Afirma que a recorrida descumpriu o disposto na cláusula 3.6.1.1 do Protocolo-Familiar, que serviu de base para os pedidos formulados nesta ação, pois, além de não ter efetivamente solicitado a sua demissão, requereu a sua transferência para outra função e deixou de comparecer à empresa, aproveitando-se do fato de ser o seu esposo o diretor Presidente da empresa na época. Caso mantida a condenação, entende que esta deve ser limitada estritamente ao que preconiza a cláusula 3.6.1.1 do protocolo familiar, que estabelece o pagamento de indenização no valor do último salário vigente à época do desligamento, durante 5 (cinco) anos, não havendo falar em pagamento de 13ºs salários, férias mais 1/3 e FGTS mais 40%. Requer que a condenação seja limitada aos valores equivalentes ao último salário recebido pela recorrida, excluindo as verbas de 13ºs salários, férias mais 1/3 e FGTS mais 40%. Alega que na sentença consta aplicação do princípio da norma mais favorável, mas não existem normas conflitantes porque a pretensão da autora tem como base um instrumento inválido, que não contou com a assinatura ou anuência da ora recorrente. Que a reclamada não aplicou nenhuma cláusula existente no Protocolo Familiar ao contrato de trabalho da recorrida. Requer a improcedência da reclamação trabalhista. Entende que houve equívoco na sentença no que tange à multa de 40% do FGTS, uma vez que todos os valores referentes a FGTS mais 40% foram devidamente adimplidos quando da ação de consignação em pagamento de n.º 0000355-06.2011.5.19.0055. Pede para excluir da condenação a multa de 40% do FGTS. Com razão. Na sentença (fl.346), consta condenação da reclamada ao pagamento de:

"indenização dos depósitos fundiários relativos ao período de 22 meses (vinte e dois meses) e 15 dias(quinze dias); e multa de 40% sobre os depósitos fundiários de todo o período contratual, inclusive sobre o período de 22 meses (vinte e dois meses) e 15 dias(quinze dias)." "De início, vê-se que a controvérsia diz respeito à aplicabilidade ou não do Protocolo Familiar na relação empregatícia ocorrida entre as partes da presente lide. À análise. Declara a reconvinte, na peça de pórtico, que iniciou suas atividades na empresa em 01/09/87, sendo demitida sem justa causa em 12/04/2011. Afirma, ainda, que é sócia quotista e, na prática, era tratada como Membro da Terceira Geração, para efeito do Protocolo Familiar firmado em 09/11/2007. Esclarece, em verdade, que o documento em epígrafe trata-se de fonte normativa complementar aplicável ao contrato de trabalho, tendo em vista que regulamenta critérios para desligamento de acionistas e seus descendentes, bem como a concessão de aposentadoria, tudo entre os Membros de Segunda e Terceira geração, por eles assim denominados. Daí, de acordo com o pactuado na cláusula 3.6.1.1., formalizou seu pedido de demissão já nas reuniões realizadas para a assinatura do Protocolo (11/2007). Cumprindo o prazo de 90 dias seguintes para afastamento, ficou em licença remunerada a partir de março de 2008 até 12/04/2011, quando foi surpreendida com um telegrama comunicando sua dispensa por justa causa. No que, não aceitando os valores rescisórios que lhe foram ofertados, busca em reconvenção o 'quantum' que entende devido. Já a empresa-reconvinda, defende a tese de não aplicabilidade do Protocolo Familiar como fonte normativa suplementar do contrato laboral, haja vista que não participou de sua formalização - foi restrita a Família Tenório. E, ainda, que a consignada não se enquadra nos critérios estabelecidos para os Membros de Terceira Geração, bem como não formalizou o pedido de demissão descrito na cláusula 3.6.1.1. do pacto familiar. 'Omissis' 'Omissis', entendo que o Protocolo Familiar - Família Tenório - não passa de um Regulamento Empresarial dentro da estrutura familiar, no qual define regras para os membros gestores do grupo de empresas a ele pertencentes (sócios ou acionistas). Insta salientar que, apesar do Direito Laboral Brasileiro não reconhecer o regulamento empresarial como fonte formal autônoma justrabalhista, em razão do unilateralismo de sua origem (vontade exclusiva do empregador), a jurisprudência acata que seus dispositivos insiram-se nos contratos de trabalho como cláusulas contratuais, nos termos do art. 468 da CLT. Sobre o tema, discorre com bastante propriedade o Mestre Maurício Godinho Delgado em sua Obra Curso de Direito do Trabalho, 10ª Edição, Editora LTr75, pág. 166, 'in verbis': 'A jurisprudência, como visto, em face da origem normalmente unilateral do regulamento empresário, tem negado a esse tipo de diploma o caráter de fonte normativa autônoma, conferindo- lhe estritos efeitos de ato de vontade unilateral. Isso significa que os dispositivos do regulamento empresário ingressam nos contratos individuais empregatícios como se fossem cláusulas desses contratos - que não podem, desse modo, ser suprimidas ainda que alterado o regulamento. Noutras palavras, aplica-se a tais diplomas o mesmo tipo de regra incidente sobre qualquer cláusula contratual (art. 468, CLT)'. Nesse contexto, inexorável reconhecer que o Protocolo Familiar deve ser incorporado ao contrato de trabalho da ex-empregada na condição de cláusulas contratuais. Quanto à alegação de que apenas os membros da terceira geração poderiam pleitear as vantagens descritas no protocolo familiar e que em tal condição não se encontra inserida a consignada, também não deve prevalecer. Numa visão primária da questão controvertida, poderíamos pender em favor da reclamada, considerando que o regulamento prevê tal condição. Contudo, não é tão simples o caso. O primeiro aspecto a ser abordado é que a reconvinte em nenhum momento afirmou que se encontrava enquadrada na condição de membro da terceira geração, mas sim, que era considerada como tal.

Consideração esta que, indubitavelmente, restou comprovada em face da empresa ter mantido a ex-empregada, sob o suposto título de licença remunerada pelo espaço de tempo de pouco mais de três anos. Ora, não são três meses e sim três anos e alguns meses. Não há justificativa plausível para concessão de uma licença remunerada, nesse interregno, num contrato de trabalho convencional. No que se conclui que a autora efetivamente foi considerada membro da terceira geração e como tal tinha direito ao plano de demissão voluntária, sim. Desta forma, patente a anuência da empresa. Convém ressaltar, inclusive, que o Protocolo Familiar prevê em uma de suas cláusulas a criação de um fundo para custear os benefícios nele previstos, todavia, até a data de 06/10/2010 ('omissis'), ainda não tinha sido criado. Ou seja, quem estava arcando com o pagamento da licença remunerada da Sra. Rosilda era a Triunfo Agro Industrial. Não esqueçamos também que, diante da liberalidade da empresa - podemos assim denominar concordância tácita - não se tem como razoável a cobrança do cumprimento de requisito formal (pedido de demissão) necessário à adesão de tal benefício." Com isso, repita-se, em face do princípio da segurança jurídica das decisões, adoto o entendimento da maioria desta Corte que, na data de 6.11.2012, julgou questões idênticas às dos presentes autos, no recurso ordinário interposto pela empresa Triunfo Agroindustrial Ltda., nos autos da ação de consignação em pagamento n.º 0000354-21.2011.5.19.0055, que teve como Relator o Exmº. Sr. Desembargador Antônio Catão. Assim, no caso em exame, exclui-se da condenação a indenização dos depósitos fundiários mais a multa de 40% relativos aos 22 meses e 15 dias, vez que o benefício previsto na cláusula 3.6.1.1 do Protocolo Familiar não possui natureza salarial, haja vista que o contrato de trabalho já foi extinto por meio da demissão voluntária reconhecida na sentença de primeiro grau (vide fl.345). Por fim, o documento de fl.27 demonstra a quitação da multa de 40% do FGTS relativa ao período de duração do contrato de trabalho, que é anterior ao período de 22 meses e 15 dias pleiteados pela autora, razão pela qual se exclui da condenação a multa de 40% sobre os depósitos fundiários de todo o período contratual. Face ao exposto, reforma-se a sentença para julgar improcedente a reclamação trabalhista. Inversão do ônus da sucumbência. Custas processuais pela reclamante, porém, dispensadas na forma da lei."

O Tribunal Regional do Trabalho da 19ª Região excluiu do condeno a multa de 40% do FGTS sob o argumento de que todos os valores referentes a esse título foram devidamente adimplidos quando da ação de consignação em pagamento sob o número 0000355-06.2011.5.19.0055. A possível ofensa a artigos da legislação infraconstitucional ou mesmo Constitucional para se caracterizar como tal e obter um juízo positivo de admissibilidade do Desembargador Presidente teria que se revelar à primeira vista, de forma inequívoca aos textos das normas jurídicas indicadas pela parte recorrente. Na hipótese esta Corte Trabalhista apenas aplicou a lei ao caso concreto tendo em vista os elementos constantes dos autos, a situação da Recorrente e da Recorrida e a pretensão formulada na exordial, bem como nas razões de recurso ordinário, considerando o plano material do Direito do Trabalho. Do contexto extraído da tese jurídica ora analisada não há como visualizar na decisão proferida por este Regional provável ofensa aos arts. 7º, inciso III, da Constituição Federal, 457 da CLT, 15 da Lei nº 8.036/90. Logo, não foram atendidos os requisitos intrínsecos previstos no art. 896, "c", da CLT. DIREITO PROCESSUAL CIVIL E DO TRABALHO / PENALIDADES PROCESSUAIS / MULTA POR ED PROTELATÓRIOS. Alegação(ões):

- divergência jurisprudencial: folha 460, 1 aresto. Pretende a exclusão da multa por embargos declaratórios de 1% sobre o valor da causa, uma vez que foram opostos visando eliminar contradição existente no acórdão. Consta da decisão proferida em sede de embargos declaratórios:

"Sustenta que o contrato de trabalho não foi extinto, e sim, a embargante apenas se utilizou de uma normatização suplementar para gozar de uma licença de 5 anos, prevista no protocolo familiar, sem que haja a extinção contratual. Que no acórdão embargado foi declarado que o protocolo familiar integra o contrato de trabalho, sendo inadmissível que a embargada deixe de pagar à autora o FGTS mais 40% que lhe é devido, contrariando a CLT. Aduz que o acórdão embargado contém divergência em relação à decisão de primeiro grau prolatada nos presentes autos e também quanto à sentença proferida nos autos do processo n.º 0000355-06.2011.5.19.0055. Que não pode haver a supressão do direito da autora ao recebimento do FGTS mais 40%, conforme pleiteado. Que foi concedida à autora uma estabilidade de 5 anos, em que a mesma receberia durante tal período o salário de 100%, desde que cumprisse alguns requisitos, o que foi cumprido, e, antes de terminar a estabilidade, a ora embargante foi surpreendida com uma "carta de demissão". Requer o acolhimento dos presentes embargos para, reformando o acórdão, manter a sentença. Sem razão. No acórdão embargado (vide fls.426 v), consta o seguinte:

'Assim, no caso em exame, exclui-se da condenação a indenização dos depósitos fundiários mais a multa de 40% relativos aos 22 meses e 15 dias, vez que o benefício previsto na cláusula 3.6.1.1 do Protocolo Familiar não possui natureza salarial, haja vista que o contrato de trabalho já foi extinto por meio da demissão voluntária reconhecida na sentença de primeiro grau (vide fl.345). Por fim, o documento de fl.27 demonstra a quitação da multa de 40% do FGTS relativa ao período de duração do contrato de trabalho, que é anterior ao período de 22 meses e 15 dias pleiteados pela autora, razão pela qual se exclui da condenação a multa de 40% sobre os depósitos fundiários de todo o período contratual.' Portanto, o aresto embargado é bastante claro quanto ao indeferimento do FGTS mais 40% pleiteado pela autora. Ademais, a existência de divergência jurisprudencial entre o acórdão embargado e outras decisões não pode servir de fundamento para apresentação dos presentes embargos de declaração por ausência de previsão legal. Assim, tem-se que não ocorreu qualquer das hipóteses autorizadoras para apresentação dos embargos de declaração em análise. Na verdade, a embargante pretende a reapreciação do mérito da demanda, mas os embargos de declaração não servem para tal desiderato. Daí exsurge o intuito manifestamente protelatório da embargante, razão pela qual se lhe condena ao pagamento da multa de 1% sobre o valor da causa, nos termos do art. 538, parágrafo único do CPC. Lembre-se à embargante o disposto na súmula n.º 297, do TST:

PREQUESTIONAMENTO. OPORTUNIDADE. CONFIGURAÇÃO (nova redação) - Res. 121/2003, DJ 19, 20 e 21.11.2003

I. Diz-se prequestionada a matéria ou questão quando na decisão impugnada haja sido adotada, explicitamente, tese a respeito.

II. Incumbe à parte interessada, desde que a matéria haja sido invocada no recurso principal, opor embargos declaratórios objetivando o pronunciamento sobre o tema, sob pena de preclusão.

III. Considera-se prequestionada a questão jurídica invocada no recurso principal sobre a qual se omite o Tribunal de pronunciar tese, não obstante opostos embargos de declaração. O entendimento acima exposto é o desta Relatora. Todavia, a maioria do Tribunal Pleno entendeu pela não aplicação da multa de 1% sobre o valor da causa prevista no art. 538, parágrafo único do CPC. Pela rejeição dos embargos de declaração." O aresto transcrito pela parte recorrente de f. 459-verso e 460 não serve à configuração de divergência jurisprudencial, visto que não indicou a data de publicação do acórdão paradigma (Súmula 337/TST). CONCLUSÃO DENEGO seguimento ao recurso de revista interposto por ROSILDA MARIA GONÇALVES TENÓRIO

Alega a agravante que é membro do Protocolo Familiar, além de ter sido empregada da Agravada, portanto, refletindo sobre o seu contrato de trabalho todos os critérios previstos para desligamento de acionistas e seus descendentes, além dos critérios para concessão de aposentadoria; que foram seguidas corretamente as determinações previstas nas cláusulas de mencionado Protocolo, inclusive a previsão do item 3.6.1.1, que formaliza o meio de desligamento voluntário; que detinha o direito ao recebimento de todos os salários, e consequentemente empresa seria obrigada a recolher os valores referentes ao FGTS; que no tocante à multa por embargos declaratórios demonstrou a contradição do acórdão, do que não caberia a aplicação da penalidade.

Mantenho o despacho agravado.

A pretensão recursal instiga a reapreciação das provas dos autos. Há na decisão do TRT conclusões que somente podem ser infirmadas mediante nova incursão no conjunto fático-probatório do processo. Destaco a ilação do tribunal regional de que a agravante "em nenhum momento afirmou que se encontrava enquadrada na condição de membro da terceira geração". Mais adiante assevera o TRT, ainda, que "o benefício previsto na cláusula 3.6.1.1 do Protocolo Familiar não possui natureza salarial, haja vista que o contrato de trabalho já foi extinto por meio da demissão voluntária reconhecida na sentença de primeiro grau". São, pois, nuances indecifráveis à luz do só exame legal, instigando o reapreciação das provas dos autos.

Como tal, a pretensão recursal esbarra no óbice da Súmula 126/TST, do que concluir ser inadmissível o recurso extraordinário interposto, apesar do vigoroso esforço da agravante.

> Não se vê, de outra banda, interesse da agravante em discutir multa por embargos protelatórios, de vez que o acórdão regional não penalizou a agravante, apenas registrou os votos vencidos que propugnavam pela penalidade.
>
> ISTO POSTO
>
> ACORDAM os Ministros da Terceira Turma do Tribunal Superior do Trabalho, por unanimidade, conhecer do agravo de instrumento, e, no mérito, negar-lhe provimento.
>
> Brasília, 5 de Agosto de 2015.
>
> Firmado por assinatura digital (MP 2.200-2/2001)
>
> CLÁUDIO SOARES PIRES Desembargador Convocado Relator (BRASIL, TRIBUNAL SUPERIOR DO TRABALHO, 2015, s. p.)

Considerando as premissas acima dispostas, dentro do princípio da autonomia da vontade, os sócios-herdeiros poderão pactuar observando os limites da lei e da função social do contrato as seguintes diretrizes, visando a longevidade da empresa.

Os membros da família que subscrevem o protocolo de família são titulares da totalidade das ações, dirigindo a empresa. Esses membros, conscientes da importância que tem para a família e para a sociedade em geral da continuidade do grupo empresarial familiar, levam a cabo uma reflexão conjunta e sincera de própria vontade e iniciativa. Colocam em comum ideias que permitem conjugar as necessidades da família com as exigências do futuro da organização da empresa, desenhando que as soluções e pautas adotadas sejam expressamente acordadas no documento em questão.

A finalidade primordial do Protocolo de Família é conseguir que a família e empresa formem um bloco coeso, unido por laços de afetividade, consciência social e profissionalismo; que as normas que estabeleceram resolvam ao mesmo tempo as inquietudes e necessidades legítimas dos membros da família e atendenda sobre todos os aspectos relevantes de sua educação como acionista, para prevenir que aspectos puramente familiares ou pessoais possam afetar os critérios profissionais que devem reger a gestão e direção de suas atividades econômicas.

A família livremente determina obrigações a cumprir tais como normas e pautas de atuações firmando protocolo, confiando que com o tempo e por sua sensatez tais normas se convertam e se incorporem à tradição familiar.

As normas se modificariam e atualizariam atendendo a experiência que resulte de sua aplicação concreta, por vontade expressa da família e seguindo o mecanismo previsto no documento. Incorporando outras normas que resolvam situações novas não previstas, que vão aparecendo como consequência e desenrolo natural da família e da empresa, e pela necessidade de adaptar qualquer de ambas as exigências e circunstâncias do momento.

O objetivo das partes é dar a esse primeiro Protocolo de Família um conteúdo constituinte e contratual que recorra ao compromisso comum de todos eles sobre aspectos fundamentais. De acordo com ese caráter, os aspectos mais específicos de cada circunstância que possa acontecer na prática diária e que não esteja regulado no protocolo de Família, deverão resolver à luz das pautas e principios que haviam se estabelecido.

As partes, ao frmarem esse primeiro protocolo, ficarão contentes em ver que a partir desse suas relações mútuas iniciam uma etapa mais reflexiva e formalizada, com o clima de confiança e de respeito que até o presente momento caracterizaram seus vínculos.

> *Articulo 1º. Ámbito de aplicación*
>
> *A. Ámbito subjetivo*
>
> *1.1 Quedan obligados a cumplir las normas establecidas en el presente Protocolo todos los miembros del Grupo Familiar que suscriben este documento, así como el resto de miembros que por ser menores de edad, no la hayan suscrito.*
>
> *1.2 Quedarán también obligados a su cumplimiento todos los miembros de la Familia que mediante la adquisición de participaciones de la Empresa se conviertan en miembros del Grupo Familiar.*
>
> *1.3 Los miembros del Grupo Familiar adoptaran las medidas legales oportunas para asegurar que la adquisición de participaciones de la Empresa por miembros de la Familia mediante negocios jurídicos inter–vivos o mortis–causa exija de los adquirentes el compromiso ineludible de someterse a las normas del Protocolo Familiar.*
>
> *1.4 Los miembros del Grupo Familiar darán a conocer a sus descendientes !as normas del Protocolo Familiar y el espíritu y principios que las inspiran y les enseñarán a familiarizarse con ellas, adoptando las medidas educativas que consideren necesarias.*
>
> *1.5 Los miembros del Grupo Familiar adoptarán las medidas legales que sean necesarias para asegurar que la titularidad de las participaciones y derechos sobre la Empresa se conserve en manos de la Familia.*

1.6 En particular, los miembros del Grupo Familiar adoptarán los acuerdos sociales necesarios para incorporar a los estatutos de la sociedad o sociedades cabeceras una prestación accesoria que obligue a todos los socios a firmar el Protocolo Familiar y su incumplimiento inhabilite al socio para ejercer su condición social.

B. Ámbito objetivo

1.7 Quedan sujetas al presente Protocolo las participaciones sociales de la sociedad o sociedades cabeceras o cualquier derecho sobre las mismas o sobre el capital o beneficios de la citada sociedad.

1.8 Quedan también sujetos los derechos sobre las participaciones que, directa o indirectamente, ostente la sociedad o sociedades cabeceras sobre otras entidades.

1.9 Quedarán también sujetos los derechos sobre las participaciones de entidades que en el futuro se incorporen al Grupo Empresarial al ser adquiridas o constituidas por alguna de las entidades del Grupo.

1.10 Quedarán también sujetos al Protocolo los bienes y derechos que, provenientes del patrimonio de la Empresa, la Junta de Socios no decida desafectar.

1.11 Excepcionalmente, quedaran desafectados de las normas del Protocolo Familiar los dividendos, devoluciones de capital u otras rentas que la Empresa distribuya a los miembros del Grupo Familiar, salvo cuando la Junta de Socios expresamente decida afectarlos.

Articulo 3º. Valores

A. Cultura y Tradiciones

3.1 La cultura y tradiciones de la Familia con relación a la Empresa, iniciadas por primera generación y continuadas por las siguientes, han constituido el pilar fundamental de su desarrollo. El Grupo Familiar desea que esta cultura siga viva entre las futuras generaciones pero no como un legado rico e inamovible sino evolucionando constantemente para adaptarse a las exigencias, valores y sensibilidades de cada momento y lugar.

3.2 La cultura familiar se forma mediante el diálogo y el debate interno, analizando experiencias propias y ajenas, constituyendo la tabla de valores comunes y dejando opinar a todos los integrantes de la Familia. En los foros familiares y societarios la opinión de los miembros de mayor edad se tendrá siempre en cuenta con la importancia, consideración y respeto que se merecen.

3.3 Los padres enseñarán a sus descendientes la historia y tradiciones de la Empresa de la Familia y les mantendrán debidamente informados de los proyectos y resultados de aquella en función de su grado de madurez, de su edad v circunstancias. Los padres pondrán los medios necesarios para conseguir que sus hijos valoren y aprendan a querer y a respetar a la Empresa.

3.4 Es aconsejable progresar en la creación de mecanismos que fomenten el interés de los hijos par la Empresa para lograr, aunque no trabajen directamente en ella, que se sientan integrados e informados de su desarrollo, de sus proyectos y de sus resultados.

3.5 En aras a conseguir que los hijos tomen contacto con la Empresa Familiar y conozcan sus actividades, los padres, concretamente el cónyuge perteneciente al Grupo Familiar, podrán enviarlos a que realicen prácticas en sus plantas industriales, almacenes u oficinas durante el periodo estival y en general, de vacaciones.

3.6 Los miembros del Grupo familiar, con la participación de la Familia, editarán un texto consensuada en el que se recoja la historia narrada de la Empresa y de la Familia incluyendo la mención de los valores mas significativos de su cultura interna. El texto se difundirá entre todos los miembros de la Familia.

B. Unidad y consenso

3.7 Las decisiones se adoptaran buscando el mayor grado de consenso posible. Aun así, se comprende que la singularidad natural de las personas haga muy difícil coincidir sistemáticamente en la toma de decisiones, por lo que será necesario convivir e impulsar el desarrollo de la Empresa admitiendo que existen puntos de vista no coincidentes o incluso encontrados.

3.8 No obstante lo anterior, el debate interno y las diferencias que surjan entre miembros de la Familia no deben trascender a terceros. Los firmantes del Protocolo cuidarán de mantener la unidad de criterio cuando se manifiesten en publica o en privado y las decisiones que se adopten por las mayorías establecidas se apoyaran incluso par quienes no las hubieran secundado.

3.9 Si las diferencias existentes en el seno del Grupo Familiar afectaran de manera relevante a la convivencia familiar y entorpecieran o hicieran muy compleja o incomoda la toma de decisiones en la Empresa y esta situación se consolidara después de haber tratado de superarla mediante procesos de mediación objetivos, el Grupo Familiar dedicara sus mejores esfuerzos para adquirir o hacer adquirir la participación del miembro o miembros familiares en minoría.

C. Profesionalidad y solidaridad

3.10 La Empresa se regirá aplicando criterios estrictamente profesionales. La Familia hará abstracción de sus intereses personales cuando tome decisiones empresariales y procurará que la administración y gestión de la Empresa se organice atendiendo al interés social y no el familiar, persiguiendo la creación de riqueza a largo plazo para el accionista.

3.11 La Empresa tomara en cuenta los derechos de sus accionistas y procurará retribuirlos como en el mercado lo hagan otras empresas similares.

3.12 El Grupo Familiar, en la medida de sus posibilidades, ayudará a los miembros de la Familia que lo soliciten a conseguir sus aspiraciones profesionales. Los miembros de la Familia cuya conducta, comportamiento o esfuerzo personal no sean consistentes con las peticiones que formulan, no tendrán derecho a obtener ésta ayuda.

D. Liderazgo y transparencia

3.13 La administración y dirección de la Empresa se confiarán a las personas más idóneas en razón de sus conocimientos, cualidades y capacidad de liderazgo. En la medida de lo posible, la dirección ejecutiva de la Empresa se confiará a una sola persona.

La confianza y la delegación deberán coexistir con un esquema de información sistemático que asegure la transparencia de la gestión y permita el seguimiento oportuno y completo de los resultados de la Empresa.

Articulo 4º. El Consejo de Familia

4.1 Misión. Se crea el Consejo de Familia con la misión principal de cuidar y asegurar la buena convivencia familiar y la aplicación de los principios y normas del Protocolo Familiar.

4.2 Miembros. El Consejo de Familia estará integrado por la siguientes miembros: los Fundadores, los cabezas de Rama Familiar y tres personas ajenas al Grupo Familiar y de reconocido prestigio empresarial, profesional, cultural, etc. y que acrediten una trayectoria de honestidad y profesionalidad, los cuales deberán ser propuestos por algún miembro de este Consejo y aceptados unánimemente por el resto de los miembros del Consejo de Familia.

Los Fundadores formaran parte del Consejo hasta que por voluntad propia decidan desvincularse o si existiera algún motivo legal o de otra índole que les impidiera ejercer con normalidad su función.

Los Cabeza de Rama Familiar podrán ir acompañados, cada uno, por una persona de la Familia que elijan entre los requisitos que en el siguiente apartado se indican. Los Cabeza de Rama Familiar formarán parte del Consejo, en tanto ostenten tal condición (a diferencia de los acompañantes que ejercerán mientras lo disponga el Cabeza de Rama Familiar que los hubiera designado).

Es recomendable que se establezcan rotaciones en los miembros del Consejo, al objeto de ampliar el circulo de familiares involucrados.

4.3 Requisitos para ser miembro. Podrán acceder al Consejo de Familia. además de los Fundadores, los Cabezas de Rama Familiar y las tres personas ajenas al Grupo Familiar, los miembros de la Familia en quienes concurran y se mantengan las siguientes condiciones.

a) Tener cumplidos los dieciocho años de edad.

b) Estar en posesión de una diplomatura o licenciatura nacional o extranjera, salvo cuando no hubiera ninguno que reuniera esta condición de entre los miembros de la Familia.

c) Si en alguna Rama Familiar no existiera Cabeza de Rama Familiar o no hubiera ningún miembro mayor de edad, podrá elegirse como representante a la persona que ejerza la patria potestad de alguno de sus miembros, mientras persistiera esta circunstancia y fuera aceptado por el resto del Consejo de Familia.

d) No formar parte, al mismo tiempo, del Consejo de Administración.

4.4 Funciones específicas. Las funciones del Consejo de Familia son las necesarias para llevar a cabo su misión. A título orientativo se pueden enumerar las siguientes:

a) Impulsar la aplicación del Protocolo y desarrollar sus previsiones.

b) Recibir la información que, sobre la marcha y resultados de la Empresa, le debe presentar el Consejo de Administración.

c) Transmitir al Consejo de Administración las sugerencias que formulase la Familia y que tuviesen coma finalidad mejorar la calidad de la gestión empresarial, la armonía y convivencia entre los integrantes de la Familia o el cumplimiento de deberes o normas contenidas en este Protocolo.

d) Administrar y gestionar las obligaciones de tutela en la formación y orientación profesional de los jóvenes familiares establecidas en el Protocolo y en el Fondo para la Financiación de Programas Educativos

e) Supervisar y proponer al Consejo de Administración la realización de practicas laborales dentro del Grupo par parte de la Familia o sus descendientes.

4.5 El Presidente. EI Consejo de Familia elegirá en su seno, por unanimidad, a un Presidente quien ejercerá el cargo durante cuatro años, salvo que renuncie voluntariamente a él o sea removido del mismo por el Consejo de Familia que podrá tomar la decisión, por mayoría de 2/3, en cualquier momento. En ningún caso podrá ejercer de Presidente quien sea primer ejecutivo o Presidente de la Empresa. En el supuesto de que no hubiera unanimidad para designar a la persona que deba asumir la Presidencia, ejercerá de Presidente, durante un periodo de dos años, el miembro del Consejo de Familia de mayor edad de entre los que no hubieran ejercido como Presidente. Transcurrido dicho periodo, el Presidente cesará y quedara nombrado como tal quien le siga en edad de entre aquellos que no hubieran ejercido. Y así sucesivamente, hasta que el Consejo por unanimidad tome otra decisión.

4.6 El Secretario. El Consejo de Familia elegirá por mayoría de 2/3, un Secretario de entre sus miembros quien ejercerá el cargo durante cuatro años, salvo que renuncie voluntariamente a él o sea removido del mismo por el Consejo de Familia que podrá tomar la decisión, por mayoría, en cualquier momento. En ningún caso podrá ejercer de Secretario quien sea primer ejecutivo o Presidente de la Empresa o Presidente del Consejo de Familia. A falta de acuerdo se seguirá el procedimiento de nombramiento rotatorio establecido en el párrafo 4.5.

4.7 Funcionamiento. El Consejo de Familia se reunirá necesariamente con carácter ordinario cuatro veces al año. También se reunirá cuando la convoque el Presidente o lo soliciten dos, al menos, de sus miembros. La convocatoria será cursada por su Presidente, de forma oral o escrita, con una antelación de quince 15 días y con indicación de los puntos del orden del día. Igualmente, serán validas las reuniones realizadas sin previa convocatoria si asisten a ella, presentes o representados, todos los miembros del Conseja de Familia. Las reuniones podrán realizarse en cualquier lugar. El Presidente deberá sufragar con cargo a la Empresa los gastos de desplazamiento y estancia incurridos por los miembros del Consejo como consecuencia de su asistencia a reuniones.

4.8 Quorum y representación. Las reuniones quedarán validamente constituidas sea cual sea el número de miembros que asistan a ellas en primera y única convocatoria. Sólo será valida la representación efectuada a favor de personas que tengan la condición de miembros del Consejo de Familia.

4.9 Debates. El debate de las reuniones estará dirigido par el Presidente quien decidirá el orden de intervenciones y fijará las reglas que considere oportuno seguir en cada caso en función de las circunstancias que se den. El Presidente favorecerá la participación de todos los miembros y velará por mantener un clima de sinceridad y diálogo

4.10 Votaciones y adopción de acuerdos. Cada miembro del Consejo de Familia tendrá un voto. El Presidente ostentará un voto de calidad en caso de empate. Las votaciones serán orales y públicas; no obstante, cuando la decisión afecte a personas concretas, el Presidente o dos miembros del Consejo, podrán establecer que sea de aplicación el voto secreto. Los asuntos en que sea necesario realizar votación, requerirán una mayoría de 2/3 para su aprobación.

4.11 Representación y ejecución de acuerdos. El Presidente tendrá todas las facultades de representación, administración y disposición que sean necesarias para ejecutar las decisiones adoptadas. El Presidente podrá delegar sus facultades a cualquier otro miembro del Consejo de Familia siempre que la sustitución se formalice por escrito y se indique en ella el plazo de duración.

Artículo 8º. Comité de Nombramientos

8.1 Misión. La principal misión del Comité de Nombramientos es examinar y evaluar la trayectoria, capacidad y cualidades directivas de las personas que les presenten y emitir una opinión sobres su actitud e idoneidad para desempeñar unas determinadas funciones directivas. También emitirá opinión sobre temas de formación, incorporación de familiares al trabajo y otras cuestiones similares que le soliciten.

8.2 Integrantes. El Comité estará integrado por tres personas ajenas a la Familia, designadas por el Consejo de Familia y en su defecto serán tres de las cinco personas externas que formen parte del Consejo de Administración. Las personas que se propongan deberán tener una trayectoria profesional y unas características personales que agraden y sean aceptables para la mayoría de los miembros de la Familia.

8.3 Carácter discontinuo de su labor. El Comité se formará cuando se solicite su opinión. El nombramiento de los integrantes del comité se entenderá efectuado para cada ocasión salvo que el Consejo de Familia dispusiera de otra cosa. Sus decisiones son inapelables.

Artículo 9º. Condiciones de acceso y trabajo.

9.1 Acceso. Como principio general se establece que los miembros de la Familia pueden ocupar puestos de trabajo en la Empresa, siempre que sean acordes con sus conocimientos y experiencia.

9.2 Prudencia. No obstante lo anterior, debe tenerse en cuenta que un exceso de miembros de la Familia trabajando en la Empresa está en la base de muchas decadencias empresariales de sociedades familiares. El exceso de empleados familiares dificulta la incorporación de buenos profesionales, ya que la empresa pierde atractivo y no siempre contribuye a crear un clima laboral competitivo y eficiente.

9.3 Cónyuges. Se considera que no es recomendable que los cónyuges de miembros de la Familia se vinculen de forma laboral u otra relación permanente con la Empresa.

9.4 Condiciones de acceso. Para que un miembro de la Familia pueda tener acceso a un puesto de trabajo en la Empresa será necesario que se cumplan las reglas siguientes:

a) Los candidatos deberán estar en posesión de la titulación académica y experiencia que exija el puesto de trabajo que solicitan.

b) Antes de solicitar un puesto de trabajo en la Empresa será necesario haber completado un período de dos años trabajando en otra empresa no vinculada a la Empresa.

c) Conocimiento fluido de, al menos, una lengua extranjera preferentemente la inglesa.

d) Los miembros de la Familia podrán solicitar un trabajo en la Empresa aunque no es conveniente crear puestos de trabajo artificiales o redundantes que no sean necesarios por el desarrollo de la Empresa.

e) Su incorporación deberá ser propuesta por el Consejero Delegado y aprobada por el Consejo de Administración con la opinión favorable del Consejo de Familia.

f) Para evitar tensiones entre las Ramas Familiares y salvo cuando existan circunstancias de todos comprensibles que claramente lo impidan o desaconsejen, la política de incorporación de familiares a la Empresa tenderá a equilibrar la contribución de cada una de las Ramas procurando que guarden entre ellas una cierta proporcionalidad.

9.6 Prácticas. Los miembros de la Familia menores de 26 años podrán hacer prácticas laborables en establecimientos de la Empresa conforme a las pautas y normas que establezca el Consejo de Administración y siempre que el comportamiento y cualidades de los miembros que lo soliciten no perjudiquen en nada la marcha de las actividades sociales o perturben la buena armonía de la organización.

9.7 Deberes éticos. Los miembros de la Familia que se incorporen laboralmente a la Empresa, ejercerán sus funciones y llevarán a cabo su actividad en beneficio exclusivo de la Empresa, haciendo total abstracción de sus intereses personales, circunstancias o relaciones en el seno de la Familia.

9.8 Retribución. Los miembros de la Familia que trabajen en la Empresa percibirán una retribución acorde con la establecida por el mercado para puestos similares en empresas comparables y que se fijará, en cada caso, en función de su valía, de su dedicación efectiva, así como de las responsabilidades asumidas y los resultados de su gestión

Artículo 11°. Principios generales.

11.1 La política económica del Grupo Familiar con relación a la Empresa se rige por los siguientes principios generales:

a) La Empresa debe retribuir anualmente al capital proporcionalmente a los resultados que obtenga, variando el dividendo en función de sus proyectos y perspectivas económicas.

b) La subsistencia económica del Grupo familiar no debe depender de los recursos económicos de la Empresa, ya sea como retribuciones derivadas del puesto de trabajo o servicios profesionales, ya sea como retribuciones derivadas del capital, por lo que sus miembros tendrán otras fuentes de ingresos no vinculadas a la misma.

c) El Grupo Familiar expresa su firme voluntad de mantener la propiedad de la Empresa impulsando su desarrollo y acrecentando su valor económico y social.

d) Ningún miembro del Grupo Familiar será obligado a mantener su participación en la Empresa contra su voluntad.

e) Los miembros del Grupo Familiar se comportarán entre si con lealtad, y en los actos de disposición actuarán con arreglo a la establecido en el Protocolo Familiar y en los documentas que lo desarrollan o complementan.

f) El Consejo de Administración y la Dirección General de la Empresa asegurarán que la información económica que reciban los miembros del Grupo Familiar se reciba puntualmente y sea completa y veraz.

g) Cada año, el Consejo de Administración de la Empresa Familiar efectuará una valoración de sus acciones, conforme a métodos de valoración comúnmente aceptados en su sector profesional, tomando como base los estados contables auditados y tomando en consideración las plusvalías intrínsecas de los activos afectos al negocio. Dicha valoración será sometida a la verificación de los auditores de la Empresa Familiar. El resultado de la valoración efectuada se pondrá a disposición de todos los miembros del Grupo Familiar.

Artículo 14º. Enajenación de participaciones sociales

14.1 Derecho de preferente de adquisición. Los miembros del Grupo Familiar tendrán un derecho de preferente de adquisición si alguno de ellos desea enajenar su participación en la empresa. El ejercicio de este derecho corresponderá en primer lugar a los componentes de la Rama Familiar cuyo integrante deseara vender la participación o parte de la misma, luego será la propia Empresa la que gozará del derecho de preferente de adquisición y, finalmente, corresponderá a los restantes miembros del Grupo Familiar. El derecho se ejercerá proporcionalmente al capital del que cada uno sea titular.

14.2 Excepciones. No será de aplicación el régimen de transmisiones sujetas al derecho de preferente adquisición cuando la transmisión sea inter – vivos o mortis – causa o se efectúe a favor de un ascendiente, descendiente, o cónyuge o se ceda el usufructo sin transmisión de los derechos de voto a favor del cónyuge no separado, o la cesión tenga lugar a favor de una entidad en la que el transmitente, individualmente o en unión de los parientes citados, posea una participación del 75% de su capital, computada en términos económicos y de voto-

14.3 Derecho de salida conjunta. Cuando ni la Empresa ni los miembros del Grupo Familiar quieran adquirir la participación ofrecida a la venta, los miembros del Grupo Familiar que lo desearan tendrán el derecho de vender conjuntamente con el socio que hubiera ofrecido las participaciones, obligando a que el paquete que se venda u ofrezca a terceros se forme de participaciones aportadas proporcionalmente por todos los socios que lo deseen.

14.4 Subsistencia del Protocolo Familiar. Tras la venta, las participaciones que resten en poder del Grupo Familiar seguirán el régimen del Protocolo sin so1ución de continuidad. Si fuera necesario, se acordarán las modificaciones precisas para adaptar sus normas a la nueva realidad.

Articulo 19º. Concesión de garantías y préstamos

19.1 Avales y garantías. Los miembros del Grupo Familiar desaconsejan vivamente otorgamiento de garantías y la asunción de responsabilidades que correspondan a terceros siempre que no vengan obligadas par las Leyes. Con mayor razón. resulta absolutamente desaconsejada la prestación de avales a favor de terceras personas.

19.2 Préstamos. Tampoco se considera recomendable acudir al crédito financiero o solicitar préstamos por importes considerables en relación al patrimonio neto de la Empresa o en condiciones tales que pudieran poner en excesivo riesgo los resultados o la viabilidad de la misma.

Articulo 21º. Directivos y empleados

21.1 Respeto. Todos los miembros del Grupo Familiar consideran que el respeto a todas y cada una de las personas que prestan sus servicios en la Empresa, cualquiera que sea el puesto desde el que lo hagan, es una de las mejores garantías de la convivencia humana, de la paz social y del progreso empresarial. Constituye un firme compromiso del Grupo Familiar el establecimiento en la Empresa de una política de salarios dignos, de valoración del puesto de trabajo, de seguridad e higiene en su realización, así como de inocuidad de los productos que se utilizan. Todos los colaboradores de la Empresa han de llegar a sentir como algo propio el orgullo de trabajar en ella.

21.2 Formación. La formación continuada de los directivos y trabajadores es un objetivo irrenunciable de la Empresa coma guía de promoción personal y social que ha de redundar en la continuada mejora de la calidad de los productos fabricados y comercializados. Por ella, el Grupo Familiar potenciará las posibilidades de ayudas directas o indirectas tanto educativas como de formación o asistenciales entre los directivos y trabajadores, conjugando este objetivo con el de mantenimiento y mejora de la producción, comercializaci6n y distribución.

21.3 Ambiente laboral. Es fundamental mantener un ambiente laboral franco y distendido, sin tensiones ni conflictos innecesarios entre los miembros de la plantilla ni entre estos y la Empresa. Por ello, todos y cada uno de los puestos trabajo han de estar bien definidos y han de ser ocupados par las personas más idóneas en cada momento. La dirección favorecerá la promoción interna de acuerdo con las necesidades de la Empresa, sin discriminaciones de ningún tipo y buscará la mayor integración posible de todos los colaboradores.

Articulo 29º. Adhesiones al Protocolo

29.1 Los miembros del Grupo Familiar se comprometen a presentar, explicar y someter a la firma de sus descendientes, cuando estos alcancen la mayoría de edad este Protocolo, convencidos de que la suscripción del mismo por el mayor número de miembros del Grupo Familiar contribuirá a cohesionar la familia con la Empresa Familiar.

Já o acordo de quotistas é um contrato firmado entre os sócios que trata das regras e normas estabelecidas entre os proprietários de um negócio e regulamenta os direitos e deveres que decorrem das quotas que possuem. Através desse acordo é possível determinar as regras a respeito do ingresso de terceiros na sociedade, sobre a compra e venda de quotas e a preferência para adquiri-las, a respeito da participação dos sócios em outros negócios e em relação aos contratos entre partes relacionadas e familiar fornecedor, e demais assuntos que possam gerar litígios.

Vale ressaltar que ao constituir uma sociedade, os sócios de comum acordo estabelecem algumas regras que estão dispostas no Contrato Social da sociedade, porém, por se tratar de um instrumento público, muitas vezes é redigido de forma genérica, apenas com a finalidade de obter o registro junto aos órgãos competentes para que o negócio possa operar. Já o acordo de quotistas é um instrumento mais específico, em que será previsto o máximo de situações possíveis que possam gerar conflitos entre os sócios e estabelecer a forma de solucionálos. Esse instrumento possui valor jurídico e só é passível de mudança com a concordância de 100% dos sócios.

Tanto o código civil e as regras estabelecidas nos protocolos de família quanto nos acordos de quotistas, ambos visam melhorar a comunicação, desenvolver fortes vínculos entre familiares, prevenir e resolver conflitos. Com isso, a sucessão familiar e empresarial acontecerá de forma mais suave, contribuindo para que os negócios perpetuem por diversas gerações mantendo a família unida.

CONSIDERAÇÕES FINAIS

Pelo que se percebe, na maioria das vezes, a abertura da sucessão por intermédio do inventário dificulta gravemente a possibilidade de ascensão econômica, visto que ocorrem litígios entre os próprios herdeiros, tornando custosa a relação familiar, bem como existem disputas no comando da sociedade empresária. Mas se a geração atual que está no comando das empresas familiares se preocupar em fazer um bom planejamento sucessório, a empresa terá grandes chances de fazer parte da minoria apontada pela estatística. Um planejamento cuidadoso da sucessão é essencial para uma transição tranquila e de sucesso.

Nesse quadro, evidenciase que, quando a pessoa jurídica não foi estrategicamente definida na linha de sucessão gerencial, o administrador transitório, ora inventariante, pode não ter o *knowhow* para o comércio, prejudicando não só a empresa, mas também todos os herdeiros. Por isso, é de suma importância a definição de um planejamento corporativo em que se definam todos os indivíduos integrantes, bem como os respectivos administradores nas hipóteses de sucessão e impedimento do sócio.

O que se enxerga na prática é que a constituição da holding familiar é na maioria das vezes a mera postergação do encontro dos bens pelo credor, uma vez que a legislação pátria consagra, de modo cristalino, a penhora das quotas, das ações e dos lucros dessas empresas. A tal fato, devese acrescentar que, nos casos de fraude, abuso de direito ou confusão patrimonial, o juiz pode desconsiderar a personalidade jurídica da empresa, atingindo fatalmente os bens particulares dos seus sócios.

Por outro lado, essa conclusão preliminar não deve conduzir à assertiva de que os sujeitos estão impossibilitados de adotar práticas empresariais lícitas, com o fito de gerenciar estrategicamente os seus bens, reduzindo a carga tributária na locação e alienação dos seus imóveis, bem como de planejar a sucessão das empresas operacionais, dispensandose o processo moroso do inventário judicial.

Em suma, a holding, por ser usada como "blindagem patrimonial", pode ser levada ao engano. E ao contrário do que se pensa, existem várias outras formas de se fazer um planejamento sucessório sem que para isso tenha que ser constituída uma holding, como por exemplo, o Protocolo de Família, que qualificase como um planejamento jurídico regular, acarretando inúmeras vantagens, servindo não só para aqueles grandes e renomados grupos empresariais, como também para aqueles sujeitos que se preocupam em proteger a sua família e perpetuar os seus bens.

Por isso, é de suma importância a definição de um planejamento corporativo em que se definam todos os indivíduos integrantes, bem como os respectivos administradores nas hipóteses de sucessão e impedimento do sócio. Caso não se faça a sucessão em vida, verificamse inúmeros percalços advindos do inventário com uma burocracia emblemática.

Assim, as empresas familiares devem repensar suas posturas, pois as empresas familaires somente conseguirão sobreviver e competir com as grandes corporações na medida em que se organizarem, abrirem o capital, profissionalizarem a gestão, fizerem as escolas de mecanismos devidos como protocolos familiares, planejando a sucessão, conquistando o mercado internacional, melhorando a capacidade tecnológica, reduzindo o número de parentes na gestão e transferindo parte desses familiares para o conselho de administração (LANZANA; CONSTANZI, 1999, p. 94).

REFERÊNCIAS

BARROS, Tiago Pereira. Planejamento sucessório e holding familiar/patrimonial. **Revista Jus Navigandi**, Teresina, ano 18, n. 3529, fev. 2013. Disponível em: <https://jus.com.br/artigos/23837>. Acesso em: 23 abr. 2016.

BERNHOEFT, R. **Empresa familiar**: sucessão profissionalizada ou sobrevivência comprometida. São Paulo: Nobel, 1989.

BERNHOEFT, R.; GALLO, M. **Governança na empresa familiar**. Rio de Janeiro: Campus, 2003.

BOITEUX, Fernando Netto. **Responsabilidade civil do acionista controlador e da sociedade controladora**. Rio de Janeiro: Forense, 1988.

BORK, David. et al. **Cómo trabajar con la empresa familiar**. Barcelona: Editorial Garnica, 1997.

BRASIL. Lei nº 6.404 de 15 de dezembro de 1976. Dispõe sobre as Sociedades por Ações. **Diário Oficial da União**, Brasília, 17 dez. 1976. Disponível em: <http://www.planalto.gov.br/ccivil_03/LEIS/L6404consol.htm>. Acesso em: 21 jan. 2016.

BRASIL. Lei nº 10.406 de 10 de janeiro de 2002. **Código Civil**. Disponível em: <http://www.planalto.gov.br/ccivil_03/leis/2002/L10406.htm>. Acesso em: 10 jan. 2016.

COELHO, Fabio Ulhoa. **Curso de Direito Empresarial**: direito de empresa. 18. ed. São Paulo: Saraiva, 2014. v. 1.

BRASIL. Lei nº 8.934 de 18 de novembro de 1994. Registro público de empresas mercantis e atividades afins. **Diário Oficial da União**, Brasília, 21 nov. 1994. Disponível em: <http://www.planalto.gov.br/ccivil_03/leis/L8934.htm>. Acesso em: 24 jan. 2017.

BRASIL. Lei nº 6.404 de 15 de dezembro de 1976. Sociedades por ações. **Diário Oficial da União**, Brasília, 17 dez. 1976. Disponível em: <http://www.planalto.gov.br/ccivil_03/Leis/ L6404consol.htm>. Acesso em: 13 dez. 2017.

BRASIL. Superior Tribunal de Justiça. Recurso Especial nº 1303284-PR 2012/0006691-5. **Diário de justiça eletrônico**, Brasília, 16 abr. 2013. Disponível em: <http://stj.jusbrasil.com.br/jurisprudencia>. Acesso em: 5 mar. 2016.

BRASIL. Superior Tribunal de Justiça. Embargos de Divergência em Recurso Especial nº 111294-PR (2002/0100500-6). Relator: Ministro Castro Filho. **Diário de justiça eletrônico**, Curitiba, 28 jun. 2006. Disponível em: <http://stj.jusbrasil.com.br/jurisprudencia/8897147/em bargos-de-divergencia-no-recurso-especial-eresp-111294-pr-2002-0100500-6-stj/relatorio-e-v oto-14016222?ref=juris-tabs>. Acesso em: 16 abr. 2016.

BRASIL. Superior Tribunal de Justiça. Recurso Especial nº 1.459.843 - MS (2014/0143126-3). Relator: Ministro Ricardo Villas Boas Cueva - Terceira Turma. **Diário de justiça eletrônico**, Brasília, 12 jun. 2012. Disponível em: <https://stj. jusbrasil.com.br/jurisprudencia/153482699/agravo-regimental-no-recurso-especial-agrg-no-resp-1459843-ms-2014-0143126-3/relatorio-e-voto-153482718Q>. Acesso em: 15 mai. 2016.

BRASIL. Superior Tribunal de Justiça. Recurso Especial nº 798264 SP 2005/0190864-1. **Diário de justiça eletrônico**, Brasília, 06 fev. 2007. Disponível em: <www.stj.jus.br/SCON/jurisprudenciaa/toc.jsp?processo=798264&b=ACOR&thesaurus=JURIDICO&p=true>. Acesso em: 26 jan. 2016.

BRASIL. Superior Tribunal de Justiça. Recurso Especial nº 1.253.383. Relator: Ministro Ricardo Villas Boas Cueva - Terceira Turma. **Diário de justiça eletrônico**, Brasília, 12 de jun. 2012. Disponível em: <https://stj.jusbrasil.com.br/jurisprudencia/153482699/agravo-regimental-no-recurso-especial-agrg-no-resp-1459843-ms-2014-0143126-3/relatorio-e-voto-153482718?ref=juris-tabs>. Acesso em: 16 abr. 2016.

CARVALHO, Tomas Lima. A utilização estratégica do planejamento jurídico na organização e gestão do patrimônio familiar. **Revista de Direito Empresarial**, São Paulo, v. 11, 2015.

COMPARATO, Fábio Konder; SALOMÃO FILHO, Calixto. **O Poder de controle na sociedade anônima**. 6. ed. Rio de Janeiro: Forense, 2014.

DINIZ. Maria Helena. **Curso de direito civil brasileiro**. 21. ed. São Paulo: Saraiva, 2007. v. 6.

FOLHA DE LONDRINA. No Brasil, 90% das empresas são familiares. In: **SEBRAE**. Disponível em: <http://www.sebrae-sc.com.br/newart/default.asp?materia=10410>. Acesso em: 25 ago. 2017.

FRANCISCHINI, Nadialice. **Sociedade patrimonial e holding** – uso errado para blindar patrimônio. Disponível em: <revistadireito.com/sociedade-patrimonial-e-holding-uso-errado-para-blindar-patrimonio>. Acesso em: 25 ago. 2017.

FRAZÃO, Ana de Azevedo Lopes. **Empresa e Propriedade** – função social e abuso de poder econômico. São Paulo: Quartier Latin, 2006.

HSM MANAGEMENT. **Retrato de família**. São Paulo, n. 41, v. 06, p. 86-87, nov./dez. 2003.

INSTITUTO BRASILEIRO DE GOVERNANÇA CORPORATIVA. **Casos Práticos em Planejamento de Sucessão, Avaliação e Remuneração.** São Paulo: IBGC, 2014.

IMÓVEL incorporado a holding pode ser penhorado. Disponível em: <https://trt-5.jusbrasil.com.br/noticias/2828734/imovel-incorporado-a-holding-pode-ser-penhorado>. Acesso em: 25 ago. 2017.

LA NOTA económica. **Dinastías**. Noviembre 4 de 1997. Cali, Colombia. [Links]

LANZANA, A.; CONSTANZI, R. As empresas familiares brasileiras diante do atual panorama econômico mundial. In: MARTINS, I. G. S. et al. **Empresas familiares brasileiras**. São Paulo: Negócios, 1999.

LODI, Edna Pires; LODI, João Bosco. **Holding**. 4. ed. São Paulo: Cengage Learning, 2011.

LODI, João Bosco. **A empresa familiar**. 5. ed. São Paulo: Atlas, 2010.

LOURENZO M. JR, A. **Programas de profissionalização e sucessão**: um estudo em empresas familiares de pequeno porte de São Paulo. Dissertação (Mestrado) – Departamento de Administração da Faculdade de Economia, Administração e Contabilidade da Universidade de São Paulo, São Paulo, 1999.

LOZANO POSSO, Melquicedec. Características de la empresa familiar caleña. **Memorias**. In: X Congreso Latinoamericano sobre Espíritu Empresarial. Universidad Pontificia Bolivariana, Medellín, Colombia, 1996. [Links]

LOZANO POSSO, Melquicedec y otros. Asociarse con un familiar, ventajas y desventajas. **Memorias**. In: XI Congreso Latinoamericano sobre Espíritu Empresarial. Universidad Icesi. Cali, Colombia, 1997. [Links]

LOZANO POSSO, Melquicedec. La empresa familiar, factores contemporáneos y su influencia en la gestión. **Memorias**. In: XII Congreso Latinoamericano sobre Espíritu Empresarial. San José, Costa Rica, 1998. [Links]

LOZANO POSSO, Melquicedec. El protocolo en las empresas de propiedad familiar. **Estudios Gerenciales**, [S.l.], p. 49-68, mar. 2000. Disponível em: <https://www.icesi.edu.co/revistas/index.php/estudios_gerenciales/article/view/27>. Acesso em: 25 ago. 2017.

MAMEDE, Gladston; MAMEDE, Eduarda Cotta. **Blindagem Patrimonial e Planejamento Jurídico**. 2. ed. São Paulo: Atlas, 2012.

MAMEDE, Gladston; MAMEDE, Eduarda Cotta. **Holding familiar e suas vantagens**. 4. ed. São Paulo: Atlas, 2011.

MAMEDE, Gladston; MAMEDE, Eduarda Cotta. **Holding familiar e suas vantagens**. 8. ed. São Paulo: Atlas, 2016.

MAMEDE, Gladston; COTTA, Eduarda. **Planejamento Sucessório**: introdução à arquitetura estratégica com vista à sucessão causa mortis. São Paulo: Atlas, 2015.

MONCADA, Luis Cabral. **Direito Econômico**. 5. ed. Quid Juris, 2000.

NOLASCO, Alexande Linares. Aspectos práticos da dissolução parcial da sociedade limitada segundo a jurisprudência do STJ. In: CIAMPOLINI NETO, Cesar; WARD JUNOR, Walfrido Jorge (Org). **O direito de empresa nos tribunais brasileiros**. São Paulo: Quartier Latin, 2010.

OLIVEIRA, Diogo Luís Manganelli de. Holding familiar como estrutura de planejamento sucessório em empresas familiares. In: Âmbito Jurídico, Rio Grande, XIX, n. 148, maio 2016.Disponívelem: <http://www.ambitojuridico.com.br/site/index.php/..%5C..%5CWIND OWS%5CApplication%20Data%5CQualcomm%5CEudora%5CL7210.htm?n_link=revista_a rtigos_leitura&artigo_id=17195&revista_caderno=8>. Acesso em: 16 ago. 2017.

OLIVEIRA, Djalma de Pinho Rebouças de. **Empresa familiar**: como fortalecer o empreendimento e otimizar o processo sucessório. São Paulo: Atlas, 1999.

PASTOR, Alexandre Dangui. **Holding Company**: planejamento sucessório, tributário e patrimonial. Disponível em: <https://alexpastro.jusbrasil.com.br/artigos/346021848/holding-company>. Acesso em: 25 ago. 2017.

PITHOD, Abelardo; DODERO, Santiago. Análisis organizacional y análisis psicosocial de las empresas familiares. **Memorias**. In: V Congreso Latinoamericano sobre Espíritu Empresarial; Universidad Católica. Santiago, Chile, 1991. [Links]

SILVERMAN, Marc. Artículo: En Colombia, la gente es muy emocional. **Revista Dinero**. Cali, Colombia, Mar. 1999. [Links]

TORRES, Gabriela. Retos y posibilidades de la empresa familiar en Antioquia. **Memorias**. In: X Congreso Latinoamericano sobre Espíritu Empresarial. Medellín, Antioquia, 1996. [Links]

WERNER, R. A. **Família & Negócios**. São Paulo: Manole, 2004.

VAZ, Manuel Afonso. **A Ordem econômica Portuguesa**. Coimbra: Coimbra Editora, 1998.